大展好書 好書大展

社會人智囊
51

操控對手百戰百勝

多湖輝／著
陳蒼杰／譯

大展出版社有限公司

序　言

法國哲學家巴斯噶曾說過一句話：「人類只不過是偽裝和虛偽的存在而已。」例如曾經有一對夫妻有著令附近鄰居人人稱羨的恩愛和睦關係，妻子經常都恭敬娓娓地陪著丈夫打高爾夫球或網球，服侍丈夫看來無微不至，但剝除了美好的外皮後，卻發現這位丈夫其實另有情婦，倆人在家中互不說話，形同路人。

確實，這對夫婦的關係是偽裝和虛偽的，只是勉強維持著彼此外在的關係而已。

心理學的目的，就是必須透過各種的心理技巧來揭露偽裝和虛假的真面目，尋找背地裡的實態與真實面，本書就是要介紹此種心理技巧，但是主要目的當然不是要剝奪他人所穿上的衣服，而是藉由探求隱藏在人類內心深處之真面目來學習掌握人心理之心理術，也因此才能建立出真正令人羨慕的良好夫妻關係。

多湖　輝

目錄

第2章 藉由表現出「能幹」來掌握對方心理

第3章 強調彼此為「同志」來掌握對方心理

第4章 以「冷酷」為武器來掌握對方心理

第5章 假裝「善意」來掌握對方心理

第1章

藉由假裝「讓步」來掌握對方心理

先承認自己有一部分的錯誤，對方也會承認自己也有錯

常聽說要向女性提出分手比追求她更困難，但有某位被公認爲花花公子的著名攝影師，就藉著這類雜誌公開發表了如何提出分手的技巧。

他所強調的技巧就是不要由自己提出分手，而是去製造出讓對方討厭你，或者放棄你的狀況，因此，有時候必須要表現出邋裡邋遢的樣子，或顯得一副沒有出息之男性的樣子。雖然如此，要對應還是不想分手的女性而不得不提出分手的話時，絕對不要說出責難對方的話，也就是說，實際上是責難對方，但要讓對方聽起來不覺得受責難，這就是常用的絕妙心理技巧。

例如，表示「是我錯了！」讓自己扮演黑臉的角色，事實上很明顯看得出來是男性的錯，但因是男性自己先承認了女性才會軟化。

這也是人類心理上非常有趣的地方，因爲在這種情況之下，除了少數相當頑固的人之外，一般人都會承認自己也有不對的地方，因而接受了分手的條件。但是無

論如何都是要分手的，只是讓女性產生了分手的原因自己也有責任的錯覺，而成爲加以接受之根據。

即使上司斥責部屬時也可採用相同的手法，使雙方在感情上不會留下疙瘩。例如在某個與客戶的應酬席上，部屬因喝醉酒而與客戶大吵起來，翌日，部屬一到公司必然已對昨夜的行爲會遭指責有了心理準備。

上司喚來部屬，如果此時上司敲打桌子罵道：「你要爲自己的行爲負責任，去寫上悔過書。」情形會如何呢？部屬雖然明知完全是自己的過失，但遭到此斥喝必定會很反感。本來一個人即使百分之百知道是自己的錯，但遭受他人激烈責難時，反而不願意承認自己有錯了。

因此，由以上例子來看，這種以單方面怒罵的方法並沒有任何好處，最有效的方法是告訴部屬：「有關昨晚的事情，身爲上司的我，深切感到自己也有責任。」先表示自己也有過失，聽見上司如此表示的部屬可能就會說：「課長，責任完全不在你，所有的一切都是我的錯，我馬上去和對方道歉。」

此時，部屬一定會坦誠承認自己的不對。像這樣訴求「感情」的方法要比嚴厲的苛責更能達到效果，也就是一種心理技巧。

保留一成的修正部分，容易抑制對自己提案之反彈

假定某位能幹的經營者本身是位獨裁主義者，但也不要讓員工感覺他相當獨裁。我認識一位經營汽車銷售公司的朋友，當他必須要決定公司內最重要的「人事」問題時，他會利用極巧妙的技巧來掌握員工的心理。

例如，爲了要促進營業部之活動力而計劃要進行組織改革時，他會先召集經理或課長級的人士，向他們表示：「爲了擴張營業部的戰鬥力，必須在人材上有所補強，爲達成此目的，你們可以至其他部門挖角認爲優秀的人員。」邊說邊攤開公司的組織圖給大家參考。幾天之後，營業部經理和課長們會挑選出他們欣賞的候選人，但看到他們所提出的人選計畫時，我這位朋友也不會提出任何意見。

其他部門的人事也是大同小異，也許有人會質疑，「人事」問題能否眞正授權到如此的程度呢？但這也就是這位老闆的目的。首先他認爲，每個人在員工階段時，實力上並沒有很大的差距，說得更坦白一點，任何人都是一樣的，最重要的是

主管們能否負起責任來訓練這些部屬。由於其部屬都是由他們自己所選出來的，所以必須由自己負全部的責任來訓練部屬才行。

接著，各部門間所引發的挖角或被挖角之人事風波，能在各部門的課長間加以解決，所以其所達成之「人事」調動完全不會讓員工產生是受老闆壓迫的印象，這是相當巧妙的心理術，而且各課長們的心態上都認爲是由自己所決定的人事，所以就會更加賣力來提升實績了。

在會議上，這位老闆也運用相同的手法，他通常對於提案都只描繪出大體上概要的架構，然後就表示：「我想到這樣的問題，以下的細節請各位去研究討論。」說完就開始在一旁打盹。在這當中，與會者皆熱烈參與討論，最後獲得結論出來，老闆在宣布：「那就照各位的決定一起來努力吧！」之後散會。

如此般由員工們所決議出來的事項，其實大概也都是老闆的構想，因爲主要的架構是由老闆預先決定的，由老闆決定百分之九十的綱要，剩餘留百分之十讓員工有決定修正的餘地，如此在員工的心理上會反應出，一切是由自己決定的滿足感，於是老闆所提出之提案讓員工完全沒有受到壓迫的感覺，認爲是獲得與會者之共識所一致決定之事項，所以能夠徹底實施。

◆藉由假裝「讓步」來掌握對方心理③

為了讓對方心甘情願順從你的想法，必須先說出自己的評價

各位應該都經驗過好幾次以下的情形才對，坐計程車時，計程車司機一面聽棒球轉播，一面對你說：「今天巨人隊有很多次失誤，現在已經沒有救援投手了。」坐在車內的你，當聽到這句話時可不能太隨便就回答或反應，如果你不是巨人隊的球迷，很容易就開口說：「是嗎？活該！」但是，你卻不能保證聽到你反應的這部計程車不會在刹那間成爲飛車。

只聽到司機的這句話並不能判斷司機此時的心情好或壞，但如果他還加上一句「眞是令人著急啊！」或者「今天輸定了」。那就能淸楚了解這位司機是否爲巨人隊迷了，也由於如此，能了解到他是以何種心態來說那句話了。

當我身爲聽衆立場時，也常會遭到「不知對方是偏向哪一方」的模稜兩可狀況，反過來說，當自己是傳話者立場時，也讓對方產生這種疑惑的話，表示是非明智的說法，因爲若一開始就將你想傳達的意向和評價一起輸入到對方心中，那就更

容易掌握對方心理了。

以前面的例子而言，若一開始就表明「眞是令人佩服啊！」「太精采了！」「眞是讓人受不了，不可原諒！」或者「太過分了！」等等將自己的評價強烈在對方心中產生印象，然後再說出其他的話，一聽到「令人佩服！」之最初印象的話，聽者的心態會產生「感動、佩服」的心向（Mental Set），有了這種心向，對方一開始就會覺得除了這種評價之外沒有其他評價了。

能利用這樣的心理結構，對於原本不是那麼嚴重的問題，刻意給人那麼嚴重的感覺，或者並不令人感動的問題而使對方產生感動的印象。

尤其在當對方對某一人物、工作、事件等之評價，並沒有像自己般擁有明確意見時，就能運用此技巧將對方的情緒、感情和意見誘導到你所希望的方向上去，使對方採取如你所願的行動。

雖以「客觀報導」作爲訴求的宣傳報導，但其資訊的選擇及提示的方法皆反應了傳達者的意見，尤其當具有某種目的來說服時之資訊提示，當然傳達者方面之意思越明確之資訊，也越能成爲說服力強的資訊。

為了降低攻擊者之能量，讚美其攻擊手法

這個例子是發生在我趾高氣揚的學生時代的事了。有一次，那位平日以對待學生極嚴苛出了名的德語老師，犯了一個文法上的錯誤，這是很罕見的事，而發現此錯誤的似乎只有我一個人，因此，我爲了要一洗平日鬱積下來的怨恨，認爲這實在是千載難逢的絕佳時機，開始強烈緊逼老師的錯誤。

然而意料之外的是，老師神情嚴肅的說：「對!多湖同學發現得好，可是其他同學是否都在打瞌睡呢？」沒想到我卻被如此的讚美，接著他又解釋我所指摘出來的部分是任何人都很容易犯錯的重要點，沒有仔細加以閱讀，在翻譯上會發生很大的錯誤，所以必須特別留意才行。原本要攻擊的我反而受到讚美，使我感到興高采烈，報復的行爲終告徹底失敗。

其實，人在遭到指責痛楚、缺點或被反駁時，很容易臉色大變而出現「豈有此理」「你才有錯呢！」等等激烈的反抗語氣，但像這樣的舉動和反應有如背著汽油

桶走在火災現場，反而只會使對方的情緒更高昂。

事實上，對指責弱點或反駁的對方而言，最重要的並非質問或反駁的內容，多半都是以有關人與人間在感情上有反抗性、警戒性或猜疑性的情況較多，所以若要掌握對方之心理，接受質問或反駁的內容本身並不重要，而是必須先接受對方之意見，將攻擊之火花鎮壓下去才是先決任務。

如此之下，預想你應該會反駁的對方反而會感到十分意外，不僅會對你產生親和性，同時，有關其反駁的內容也變得完全不重要了。

又例如假設你去銷售機械時，所拜訪公司的老闆質問你說：「你所推銷的機種價格太貴了。」此時你若回答：「不會，與其他公司比較起來絕對不會貴的。」那麼即使原本能夠成功的商談也要失敗了。

應該先接受對方的質問說：「你的指摘沒有錯。」將對方攻擊的鋒銳處閃躲開來後再說：「但是本機種具有節省能源、高性能、故障率低、維修方便等衆多優點。」之重點說出來，最後說明還是買這部機器對對方最有利。

◆藉由假裝「讓步」來掌握對方心理⑤

「你可能也覺得自己有錯」這句話可使對方坦誠反省

這是很久以前的例子了，當時剛是日本經濟開始高度成長的時代，曾經有一首相當流行，稱爲「SUDRA節」的滑稽歌曲，作詞者爲現任東京都知事的青島幸男先生，由植木等先生所演唱的，其中一句歌詞「雖然知道，想停止卻沒有辦法」成爲當時的流行語，但確實，若我們知道了能馬上停下來就好了。

這首歌中所描述的主角是一位上班族，每次喝酒總會不知不覺的「串酒館」，由這家喝到那家，逐店鬧飲，常在車站的月台躺著就睡著了，雖知如此對身體健康有不良後果，但「雖知道，想停止卻沒有辦法」而又欲罷不能了。

我也是經常發生明知不好卻不能改變，不知不覺中又繼續去做的事情，例如開快車、外遇、宿醉……等等不勝枚舉，但其後，人人都會受到良心的譴責。

但是，他人往往並不會考慮到其本人有這樣反省悔過的心情，而以全面主張正義的口氣來攻擊，此時本人能坦誠傾聽接受嗎？

即使對方是心存親切誠懇的心，說出那些具攻擊性的言詞，也會反而故意持續進行那些所謂的「壞事」。

但改變立場想想，當你想讓對方承認其行為是錯的時，以人類心理來思考，只是一味斥責對方當然是不會奏效的。

例如，在責備經常有遲到習慣的部屬時，只一味斥責他說：「你到底在想什麼?在公司裡絕對不允許像你一樣獨自任意的行為，難道你對自己影響公司秩序完全不覺得不對嗎?自己好好反省吧！」

如此，不僅無法獲得任何效果，只會更加重反彈而已。

應該要利用對方「多少受到良心苛責的心」來說服他說：「在你心中可能認為遲到是不好的，請你好好珍惜這樣的心情，你應該也了解早上能準時上班使公司同事工作順利進行會使人很愉快。」

如此一來，對方會覺得你能了解他的心而感到開心，結果反而想「知道錯了就改過吧」。

其實每個人都有自尊心，一旦遭到傷害就會產生攻擊性，因此，若能先肯定對方後再提出自己的意見，便能順利使對方朝向自己所期望的方向了。

有時可利用哀求的口氣來訴求，讓對方認同自己的意見

日本是一個很重感情的民族，經常是感情重於邏輯與倫理，尤其對於哭泣、哀求等的感情訴求非常容易軟化，看到對方流淚，自己也會濕了眼眶，看到對方跪下哀求就會自覺「不須做得那麼絕吧！」而同情他，結果就想「若自己能幫上忙的話就接受吧！」而讓步，尤其政治家們更善於利用此種巧妙的心理術。

很多年以前，日本國會因政治倫理問題吵得不可開交時，前首相中曾根與田中曾有過會談，在那次會談中，田中首相曾流著淚吐露心境道：「我的孩子說因到學校去會遭到同學的責罵，這句話最令我難過。」

據說中曾根首相當時也在不覺中因同情他而流下淚來。會談中，中曾根首相明白表示：「對政治倫理問題，我堅持我的主張。」但卻遭外界評擊說：「他被田中首相的眼淚欺騙了。」

但這種批評是由於日本人太重感情，看到眼淚容易心軟的原因。當時全國議員

選舉時，被公認情況最爲不利屬於田中派的候選人，卻意外的高票當選，據說他表示：「我背負著田中問題沈重的十字架，腳步踉蹌蹣跚。」徹底採用哀兵戰術，他的夫人一面駐立街頭一面哭泣，結果匯集了人情濃厚商業區的同情票。

人類腦中控制感情的部位爲丘腦下部，此部位擁有接近本能之機能，所以感情被認爲是人類原始行爲之羅盤針，所謂原始行爲，是指例如看到伙伴死亡前，無論是何種情形都會想立刻逃離現場，這並不是因爲伙伴死亡時有危險性，而只是單純受不愉快的感情所驅使。

但，結果因感覺不愉快逃之夭夭卻能保身的情況很多，而靠此原始性水平的訴求，在日本人之間要收攬人心則較有效果。

前些日子看到報上的讀者投書中有一則消息：

「I縣一位賣盆栽的老婦人對我說：『因丈夫出外賺的收入太少，所以我也要出來幫忙。』同時張開因務農而變粗的凍傷的指頭，請求買她的盆栽。我基於同情她的想法下買了一盆七福槭樹，第二天我到附近的花店一看，同種類的盆栽價錢只有五分之一而已。」

為了逃避原來的要求，接受較小的要求也是一種方法

當小孩子鬧彆扭要求買腳踏車時，如果以先買廉價的腳踏車來搪塞的方法，可能並不能獲得孩子的滿足，因爲要求要買腳踏車的孩子，可能是想要在巷口的街道上騎車，以顯現飛快前進的威風神氣的心態，所以給他玩具腳踏車怎麼能讓他騎到外面呢？

因此，要給與他心理學上所謂「機能的類似性」，例如，買輪式溜冰鞋給他，使小孩的心理上獲得了滿足感。

即使耗費了相同的費用，但能否活用掌握人類深層心理的智慧，給對方得到的滿足程度會有相當大的差距。

以深層面談法之開發者而著名的美國心理學家狄西達，協助德國的機車廠商，將機車的銷售量做了爆炸性的提高。但在四輪汽車開始普及的當時，那家機車廠商使用了「本公司的機車牢固又耐久」的宣傳文句來銷售，此與不斷上升之汽車受歡

迎程度背道而馳，機車的銷售量又直線下滑。

因此，狄西達接受委託，對消費者實施了深層訪談，結果發現聽到「牢固、耐久」這句話時，消費者的意識產生了「你應該一直騎機車」一般的反應，與無意識中想開汽車的願望有了衝突。

於是狄西達建議將喇叭採用與汽車同型式般之機車，採取汽車性要素之提案，如此又造成機車再次銷售量的爆增。

同樣的，腳踏車的變速齒輪也是相同的情形，其實，機車上裝了和汽車相同的喇叭，機車仍然不會變汽車，腳踏車裝了變速齒輪也不會變機車，但對消費者而言，這些類似點卻成了無法抗拒的魅力。

像這樣巧妙地利用心理術之作用，能在給予廉價東西時忘記了對高價東西的要求，這是以相比較的東西當中具備了「機能的類似性」爲重點。

要掌握對方的心，責罵之後的後續動作很重要

一般而言，責備比讚美更爲困難。的確，被斥責之後，心中會對對方產生激烈的憎惡、憤怒及反抗，並認爲自己可能被加上了沒有出息的烙印一樣，由於此種不安的心理沒有消失，所以喪失了對上司信賴感的情況不少。

同時，斥責他人的那一方，情緒受斥責當時激烈緊張感延續的影響之下，容易形成心理上的情結，但若害怕產生對立情形，而應該加以指責的沒有加以指責，彼此也沒有好處。實際上，像這類型的企業經營者很多，但此種消極的態度易使部屬做事漫不經心，且容易犯相同的錯誤。

被稱之爲「經營之神」的松下幸之助，就很擅長掌握人心，所以我認爲他也堪稱爲「用人之神」，有關這點，有很多著名的迭事流傳。

三洋電機之前副社長後藤清一，是松下公司相當活躍的元老之一。某日，松下先生爲了後藤先生犯的一些錯誤大發雷霆，拿著暖爐中的火棒激烈的敲打著地板，

之後對著即將下班回家而心中憤怒不已的後藤先生說：「我太生氣了，所以把火棒弄彎了，對不起，請將它恢復原狀弄直好嗎？」後藤先生只好很無奈地用鐵鎚將火棒敲直，但在敲打的過程中，心情漸漸平靜下來。好不容易敲直後交給松下先生，松下先生面帶微笑說：「很好，弄得很直，比以前好多了，你的技術不錯喲！」

不僅如此，還有後續動作。在激烈的斥責後，再以和斥責內容完全不相關的事來讚美對方已是很了不起了，更令人佩服的是，據說松下先生還私下悄悄打電話給後藤夫人，告訴她：「妳先生今天回家時可能心情會很不好，妳準備一些酒給他喝。」

原本被激烈斥責感到十分憤怒而心中決定要辭職的後藤先生，卻因松下先生的這種態度，反而下定決心「爲了他，我赴湯蹈火在所不惜」。

該斥責時就必須加以斥責，但要讓對方了解指責歸指責，與互相的信賴關係完全無關，而此關鍵就在於松下先生的讚美詞和笑臉。

斥責之後刻意地將間接資訊傳遞給對方，像這樣的後續動作做得好，無論多麼強烈的指責也不會喪失信賴感。例如，間接傳遞「我剛剛指責了××君，但我對他所擁有的潛力仍舊抱著相當大的期待」就夠了。

假借商量來使對方打開心防的手法

「我有一些事想找你商量……」，像這樣被對方拜託時還會傷害人的其實很少，除了某些個性特別怪僻的人之外，大多數的人都會被刺激出優越感而感到相當愉快，更何況若對方爲前輩或上司時，立場似乎有了一百八十度的大轉變般，優越感會更強烈。當然，若對方爲平輩或地位相當者，甚至晚輩，這種心態也沒兩樣，但千萬記得，不可太過於得意忘形。

因爲這其中隱藏著深不可知的陷阱。假設同事找你商量一些事你就隨意加以回答，對方可能會很滿意而向你表示感謝，但是獲得你回答的對方所採取的行動，造成無法挽救的後果時又該如何呢？

此時只說：「我沒有料到事情會演變到如此嚴重。」也無濟於事了。假定你認爲這樣說就沒事雨過天晴的話，表示你應該是個完全樂觀主義者，因爲曾經感謝過你的同事堅持他只是順從你的意思去做而已，好像你必須負大半的責任一般。像這樣，當別人來與你商量事情而自己感到自尊心獲得滿足感時，是很危險的哦！因爲不知何時反而會被對方扯後腿。

如果刻意使用這種心理術，在要向上司表達意見時，在心理上就獲得了相當有利的條件，例如，當有重要問題必須提出提案時，先和上司商量，說：「針對下期的營業方針，我有想到幾個構想來請教您，應該以什麼樣的方式在會議上提出提案才好？」等等，以先顧慮到上司的面子來表達自己的意見，如此，上司的自尊心受到尊重和滿足下，便能坦誠地聆聽你的意見了。

如果此時上司提出他自己的意見或有其他指示時，你就好比得到了上司的蓋章，他成了你的連帶保證人，以後上司對於你的提案可能就不會有反對的意見了。

這種方法經常被運用在公司內會議之前置作業，在重要的會議席上必須對應多派工作的場合裡，事前爲獲得與會者之同意所採取之手段，向大家拜託：「請各位多多指教。」

總而言之，自己將所要提出的議案坦誠告訴對方，假借與他商量獲得他的指導般的態度。聽到「請指教」的人，會因優越感受到刺激而樂意提出意見是人之常情。

為了讓對方的心暫時「無防備」，可以裝傻

我由一位警察局的資深刑警處，得知了幾種典型的騙婚例子。

原本我認爲那些騙婚的罪犯，一定是令女人傾心的英俊又能言善道的男性，但事實卻完全相反。那些被害女性多半是過了適婚年齡，或者對本身容貌沒有自信感到自卑的人，所以，那些外表長得很平凡的男性，反而讓這些女性覺得「這種類型的男性和自己最搭配」。

如果男性長得又英俊又多金，這些女性一定會認爲他們不可能會喜歡自己而心生警戒，這些男性騙徒們爲了彌補他們外貌的平凡，所以表現出非常有「誠意」的態度來誘拐女性。

我以前在業務上所使用到的電器用品都固定在同一家電器行購買，之所以會如此，並非找不到其他電器行，那爲什麼會只選那一家呢？

理由如下：最初我爲了想多找幾家店做爲參考而逛了好幾家商店詢問，當我走

到那家店去交涉商品價格時，我問店員：「我這種和那種一起買幾件你們可以打幾折？」此時老闆以完全不做作的方言腔調，而且反應出完全沒有隱瞞事實的態度，以木訥誠實的語氣說：「我的價格已經相當實在了，請不要再討價還價。」

我繼續以方言腔調和老闆討價還價一番後，自己完全喪失了戒心，坦白說出我的預算是多少、住哪裡、在哪裡服務等等沒有必要說也不相關的事情，因爲我在無意中感覺到像對方這樣的人。

若一切事都讓他信賴了，他必然會很誠懇地服務，所以我把很多事都告訴他，也有可能是接近東北地方獨特的方言腔，使人產生親切的感覺，所以我去除了自己的警戒心，而將一切告訴對方，讓他爲我安排。

前面的例子中，對方完全感覺不到自己這方面比他姿態高，反而令他感到較卑微平庸及看來很誠實的態度，使對方自然產生一種優越感和親近感，結果會解除對方的警戒心，變爲是幾乎無防備狀態而來信賴他了。

乍看之下，這是一種不計較利害關係的態度，或者是裝傻或裝大方的態度，然而這的確是掌握對方心理有很大效果的一種心理術。

讓對方認為你的提案就是他的提案，對方會坦誠接受

公司裡的會議，可說是能夠辨認員工們是否能幹的場所。一般而言，在會議上發言較多或提出的內容較有意義的員工，被認爲是較能幹的人，可是有時候想不出好的意見或無法掌握發言機會時，若能學會如何利用對方所提出的意見，變成自己意見的心理術，那就不須急躁地想發言，反而更能堅持自己所要主張的方向。

例如，當你的競爭對手在會議上不斷發表有意義的言論，成爲他唱獨角戲的場面時，你應採取何種手段來挽回局面才好呢？

如果你說：「請讓我有發言的機會好嗎？」這就太唐突也太無知了，若說：「我有異議。」那又太具攻擊性，若說：「我們將議題往下進行。」來轉變話題也不恰當，因爲你並非會議的主席。

因此，遇到這種場面時，爲了不讓他人感到尷尬，而又能自然而然將與會者之注意力集中到你身上，最好的方法是引用「聽你所說的意見使我突然想起……」來

承接對方的發言，這種轉移話題的方法比「你說得很對」的方法，更加自然而恰當。

「聽到你說的話使我想到……」會讓對方有你接受了他的發言且讚美他的錯覺，所以場面不至於火爆性或尖銳性，即使你只是裝作突然想到一般提出這句話，但卻可以轉換到完全不相關的話題，雖然話題轉向其他方向，但因你已先表達了是之前的發言者所說的話才想到的內容，所以沒有什麼好擔心的，由於受到這樣情感的支配，所以不會遭到批判，也能漸漸將會議誘導到自己所企圖之方向。

「聽到你說的話使我想到……」這樣的語氣不僅對於對手有效，即使對待上司也能發揮效果。

有些企業爲了使組織活性化，會設置所謂的員工提案制度，但在提案時不能以無視於上司的口氣來說話，若能以取悅上司心理的方法提出來，則效果會更好。例如說：「經理您常常訓誡我們要『建立公司外的人脈』，我由此得到啓示而想到有關交際費方面應有務實的階級制度……。」

好像你所想到的構想是因爲聽到經理的話才想到的提案，由於如此，即使你所提出的提案與經理的話完全沒有關係，經理也會樂意傾聽了。

面對自尊心強的對方，最重要的是滿足其自尊心

我認識一位朋友，他是一家公司的高級主管，他曾經爲了不得已的理由，必須將自己的一位部屬調職到偏遠地區，當時他就使用了以下的方式來說服部屬。

首先，他將部屬所要調職的營業所強烈地加以責難，然後強調：「再這樣下去，那個營業所的業績遲早會直線下降，最後可能就會成爲公司的『包袱』，一定要趁現在考慮對策。但是又不能隨意派員過去，沒有相當實力和魄力的人是無法勝任的。」

最後說：「現在眞是非你莫屬了。」

接到調職通知的部屬一開始必定會感覺「被貶職」而露出不滿的表情，但聽了這番話後反而逐漸提高工作意願，最後充滿驕傲的眼神去赴任。這位主管以炫耀的口氣表示，在處理調派地方的人事異動時，所會發生的麻煩都以這種方式迎刃而解，這確實是巧妙利用對方心理之高明管理術。

美國的戴爾卡內基曾說過一句名言，「將對方視爲重要人物，誠意請求協助時，則連敵對者也會成爲朋友。」因爲任何人都是在獲得他人信賴時就會受其尊敬，例如懂得奉承阿諛的人，在受到讚美時就會顯得很高興，而自尊心越強的人，這種傾向也越強。

通常像這種自尊心強的人比較難對應，即使是拜託他幫忙工作也會感覺到必須小心翼翼地來請求他，而那種令人討厭或者很難啓齒拜託辦理的工作，也就越難提出了。

爲了讓這類型的人樂意去接受難以啓齒的事，以巧妙的方法去刺激對方的自尊心相當重要，原本自尊心強的人，就比較自傲且較有自信，無論如何他們都認爲自己與他人不同，所以不能視爲同類。

因此，在委託他們幫忙事情時，必須先強調爲什麼其他人不能勝任，而非他莫屬的原因，如果在很多人中認爲找誰都無所謂的話，在選擇他時讓他留下這種印象，那麼此人的心理就很難掌握了。

無論理由為何，當對方憤怒時靠「有限度的道歉」來鎮壓

經常被使用於法國的一句話就是「對不起」，即使只是肩膀相互碰撞時也會用到，在日常生活的各種場合，這句話的使用率相當頻繁。然而一旦發生法律上必須負擔責任問題的局面時，事情可就大不相同了，此時彼此絕對不會道歉，而堅持主張自己的正當性。

例如，你在去買葡萄酒的回家路上不幸撞到人，葡萄酒瓶掉落在地，若情況發生在日本，視爲最公道的立場是責任各半，但被撞的法國人會認爲錯不在他，拿著葡萄酒的人才有錯，堅持此論點而絕不承認自己的錯，因爲一道歉當然就被要求賠償。

我有位朋友，當他住在法國時，就被原本住在法國的日本朋友忠告說：「假使因爲闖紅燈而撞死人時也絕對不能道歉，全權委託保險公司的人來處理。」以日本人的認知立場而言，這會被質疑爲缺乏常識，但在法國，他們對於承認錯誤的行爲

非常慎重，並且是徹底的堅持。

其實也不必要像法國人那麼極端的堅持，但是若在回應對方的抱怨時，就必須特別注意來使用才行。例如某家貨運公司之事故處理者就說過，假定公司的車子撞到小孩使其受傷時，即使對方家屬責備漫罵也不要一開始就說「對不起」這句話，只要沈默低頭表示歉意即可。

因爲並非只是單方面爲司機的過失，有很多都是小孩子突如其來的衝出馬路，屬於一種不可抗力的例子，而且和家屬見面之初原因尚不清楚的情況較多，若此時說：「眞可憐！我們相當了解家人們現在的心情有多麼的難過。」

如此般選擇愼重的語氣來說話，同時，事故處理者經驗越豐富，越不會在意家屬憤怒的漫罵。

這可說是對受害者一種「限定的道歉」，好比說：「你所說的我完全能夠了解，但因爲調查尚不十分明朗，所以我無法明白表達出來，但至少針對您精神上的傷害和損失這點，我深表歉意。」等等的話，待對方憤怒的情緒漸漸冷靜下來之後再進一步交涉。

為了閃避對方激烈的攻擊，坦白承認自己的錯誤

某位著名的政治官員受到在野黨人士質詢的畫面，在電視上被轉播出來，但這位官員與以往被質詢時閃爍其詞、推託迴避在野黨的四兩撥千金之法，其他官員態度大異其趣，因爲他的答辯完全是「將錯就錯型」。

例如，在野黨議員滿臉得意洋洋的表情加以責難質詢說：「……你是否是屬於鷹派的？」而他仍面不改色的回答：「不知你所謂的鷹派定義爲何？但如果各位都這樣說的話，我想我可能就是鷹派吧！」

原本以爲會遭到否定的在野黨議員在此前提下，預先準備了屬於鷹派主義的證據，想要提出來大加責難，但由於對方的承認而無用武之地，一個巴掌拍不響，在孤掌難鳴的情況下，卻不知如何接腔，實際上，那位火辣的在野黨議員在其後馬上轉移話題。以相撲術語而言，「剛才獲勝所採用之技巧稱爲躲閃術」。

攻擊型的人在想抓住對方心理時，因爲他自己就屬於在遭到攻擊時必然會激烈

抵抗的人，所以認爲對方必然也會和自己一樣的抵抗，但若情況完全出乎意料之外，對方坦誠錯誤或加以躲閃時，攻擊的能量會消失，同時很多人會因此感到洩氣或沮喪。

但爲了避免讓對方發覺自己的攻擊力減弱或感覺自己太意外，通常是以露出苦笑或轉移話題來加以塘塞。當要對應這種心態去掌握攻擊型對手的心理，或想閃避對方所追究之話鋒時，乾脆就直接了當承認自己有錯，如此將錯就錯也不失爲一種好方法。

在說服對方或有所爭論時，不要執著於自己的內容以確保心理上的優勢，誘導其思考的方向可說是「掌握對方心理之心理術」中的基本原則，因爲一旦閃避了對方的話鋒，心理上便能立刻轉換爲優勢。

承認自己的弱點時，外表看來易被認爲自己好像已舉白旗投降了，然而事實並非如此，這只是避免全面妥協的權宜之計，也是一種技巧而已。「有關這點，你說的的確沒錯。」——只要這樣表達，原本屬於對手支配的當場氣氛會改變，主導權反而會轉移到你這邊。

◆藉由假裝「讓步」來掌握對方心理⑮

給對方背負小小的心理負擔，作為獲得大幅讓步的誘餌

常常會看到營業員或推銷員們，對於一些事都會反覆說「謝謝」，即使沒有接受對方之建議，但聽到對方反覆表示「謝謝你聽我的說明」，或沒有購買也說「謝謝惠顧」，使對方心理上逐漸產生負擔，或萌生出虧欠的愧疚感。

一般人對於這種感情的愧疚感會很敏感而去思考，一有機會便會去償還這份人情上的感情債。

以這角度來看，我一直很佩服某位推銷員，他來我公司推銷文件處理機，但他的舉止風度給人留下深刻的好印象。但之後我發現他的關鍵語有一句「謝謝你」而已，我原本做夢也想不到一句「謝謝你」使用恰當，會在不知不覺中使對方心中的排斥感消失，而獲得大幅度的讓步。

他一開口便說：「我想你一定了解最近文書處理機在市場上有大幅的進步。」我立刻回答：「我知道啊！」他馬上接著說：「謝謝您……。」又說：「怎麼樣？

有沒有價值嘗試看看？」「我並不否定其價值……」「謝謝您」，一切就如此進展著，對方在我提出肯定性的語句回答後，就立刻說句「謝謝您」。

甚至對於「像我這樣只是個人性的利用太過於繁瑣……」等之否定性回答也說「謝謝您」，因此，常常會有牛頭不對馬嘴的場面發生，但他仍一貫說著「謝謝您」。

到最後，我不禁笑道：「雖然你不斷說謝謝，但是……。」但在那時，我心中的排拒感確實已經消失了，而且傾向於想購買他的文書處理機了。

心理上產生人情債並不只是聽到一句「謝謝您」而已，例如以端莊的儀表去拜訪對方家，但對方因穿著輕便的服裝而產生一種愧感疚；或在重要談判時，比約定的時間提早很多到達約會地點時，對方必然會在心中產生「讓他等太久了」之意識，如此之下，勝負顯然已經決定了。

◆藉由假裝「讓步」來掌握對方心理⑯

為了取得大條件的讓步，先將小條件讓給對方

某些有過商場經驗的經濟作家，在其小說中對於各種交涉場面出現在現場人物的表現力有生動的描述，例如到國外採購時，貿易公司業務對於價格之談判、建築業者對於工期完工之交涉、上司與部屬間業績達成之交涉等等，確實描繪得相當鮮活逼眞。

例如：經理交待必須在期末前達成一百萬的業績，而課長心中認爲自己只能達到八十萬，於是對經理說：「我無法達到一百萬，頂多只能達成五十萬而已。」但經理認爲爲了提升公司全體的業績，而堅持其必須達到一百萬業績的主張。

其中一位作家的作品中描寫那位身爲主角的課長，利用一切客觀資料作爲武器來反駁主管，最初經理當然很不悅，但在進行談判當中，這位經理好幾次要說出最後王牌「這是命令」。

了解經理心態的課長於是回答：「知道了，既然經理如此說，雖然我知道太勉

強，但我努力做到七十萬看看。」接著又在不斷討價還價中以七十五萬的業績目標作爲談判的結束。

包括實業界的國際商談、外交談判等的場合都經常使用類似的手法，例如過去在日本貿易自由化的談判席上，日本方面的策略是雖然承認自由化，但對於不太具有影響力之品目表示勉強讓步的局面，以這種方式，最後的目的就是保護最主要的牛肉類、柑橘類等品目的安全，以實現大幅度的讓步。

像這般被迫讓步或堅持不讓步之對立，陷於膠著狀態時，以「假裝讓步」的手法會有意想不到的功效。仔細思考便可知，膠著狀態是使雙方堅持「不讓步」的原因，所以只須考慮形式上之「讓步」方法即可，且此時必須掌握先機，先發制人去讓步才行。

爲達成此目的，如前面那位課長一般一開始就計畫好某程度的伏線，例如一開始列出很多要求，在談判階段才表示「好，這條我收回，那條我也讓步，但只有這條」來堅持自己主張的水平。

要消解對方的憤怒，讓對方儘量發怒也是一種方法

我曾接到NTT打電話來找我商量有關如何處理電話費糾紛的問題，向電信局抗議自己的電話使用率並沒有那麼高，卻被要求付費的使用者，對於電信局職員的說明無法接受，而發生糾紛的例子相當多，所以他們與我討論該如何改善此現況。

調查結果發現糾紛的原因多半在於職員的應對不恰當所致，例如客戶打電話來表示「電話費太貴了，請再調查一次」，但會使這個問題無法解決的情形多半是職員回答說：「我們的電話費都是使用電腦來處理，所以絕對不會計算錯誤。」或說：「可能是你不注意之下，你的孩子打太多長途電話了吧！」等等之對應法，如此只會火上加油，讓客戶更加憤怒。

我建議負責接電話的職員先將客戶的話仔細聽完後說：「我們會詳細的調查。」然後先掛斷電話，過一陣子之後再開始交涉。

百貨公司和銀行等服務性質的企業，必定有設置「申訴處理部門」，部門之職

員可說大部分都是看起來溫和敦厚的中年男女，而且能夠仔細聆聽客戶說話的人。前來申訴抗議的人通常會很激動的指責漫罵，但無論如何必須忍耐，徹底扮演一位好的聽衆，這也就是申訴部門的任務。

人的心理是很奧妙的，將想說的話說出來，或將憤怒的能量釋放後，就會感覺很輕鬆，只要這樣做，百分之九十的不快很明顯會消失，即使問題沒有解決，只要想說的話傾吐出來，就會覺得好像已解決了之錯覺。

因此，先讓對方將所要說的話講完，等隔一陣子後再開始說明和交涉，如此之下，比較能使對方接受你的辯白。成爲好聽衆的方法，應該利用避開對方憤怒情緒之高明心理術。

反之，激昂而大聲的責罵並非上策。例如，在離婚訴訟或調停的場合時，大聲指責的那一方容易吃虧，相反的，招怒罵卻一直默默聆聽的那一方，卻容易獲得有利的結局，讓周圍的人產生你一直在忍耐著的姿態之印象，而到重要的關鍵時刻，提出讓對方能以客觀狀態加以判斷之資料出來，同時也能給法官產生好印象。

◆藉由假裝「讓步」來掌握對方心理⑱

讓對方儘情說話，對方之攻擊能量會減弱

在所有有關於行銷的暢銷書中都有提到，業務員應注意之事項最初的就是「勿與客戶爭論」，因爲若對於客戶所提出來的要求或竟見一舉出反論，則客戶一定立刻又提出其他的理由，結果反而更難加以說服，使銷售無法順利進行而告失敗。

總之，若一味的提出反論來處理對方的主張，只不過是不斷提供給客戶更多反駁的意見罷了。我曾遇見一位鞋店的老闆運用此種心理技巧成功地銷售給前來店內看鞋的顧客。

我曾經到一家鞋店買鞋時受到店內老闆有趣的對應客戶的方法之吸引，而忘了自己前來選鞋的目的，反而一直注意著老闆銷售鞋子的一切過程。雖如此說，並不意謂著那位老闆是能說善辨而滔滔不絕遊說顧客買鞋的人，當時那位顧客一面參觀店內的款式一面說：「鞋跟太高了。」「設計的樣式不好看。」「我的右腳比較大，所以很難找到合適的鞋子。」等等的話。

老闆對於顧客的話語只是偶爾點頭頷首的程度而已，一直沒有提出任何反駁的言論，直到顧客的話告一個段落後他才說：「請稍待一下。」就走進裡頭拿出一雙鞋子放在客人面前說：「這雙鞋你一定會滿意的，試試看。」客人似乎不太相信，露出半信半疑的表情，然而誠如老闆所言，那好像很適合自己的腳，於是客戶欣喜的表示：「好像訂做的一樣。」而買回家了。

想要說服每次都這也不行、那也不行等等有很多意見的對方，最重要的是不要一一去回應對方的話，對付這類型的人，首見就是讓他們儘情地說，在這當中掌握重點給予應對，才是最有效的方法。

對方將想說的話全部說出來，無異是把自己內心所擁有的牌全部掀開一般，讓對方不斷說話，自然能減少因你回答又提出新問題的資訊，對於往後的說服會更容易進行。

將自己的牌全部攤開，使自己的資訊全部被對方所掌握後之立場反而變弱，反過來說，爲了說服難以應付的對手，最高明而有效的策略就是一面看著對方的反應，一面視狀況提出微量的資訊。

即使最後加以拒絕，先表示接受對方的姿態很重要

這是很久以前的例子了，當時正是大學學潮進行得最激烈的時期，是某位大學教授的失敗經驗。

在某課堂進行中，一位學生提出疑問，請這位教授針對學生運動及當時學校調漲學生學費的問題表達個人的意見，由於這位學生並沒有參加學生運動，同時教授也對他十分熟悉，所以這位教授撥出課堂上的寶貴時間詳細回答了這個問題，結果彼此的意見衝突，沒有辦法獲得相互溝通的共識。

之後才想到，提出疑問的內容和授課內容完全沒有關係，加上當場回答並不能輕易說服對方，所以當時應該回答：「此問題待課堂結束之後再來討論。」

當對方情緒激動或者太過於感情用事時，若立刻正面回答對方的疑問，只會使彼此的意見衝突而已，而且或許對方可能預期到會產生衝突下提出問題的，如此反而落入對方的圈套中。

因此，在這種場合下，應巧妙地對質問加以閃避，先讓對方亢奮的情緒冷靜下來，而在不知不覺中順從你的意見，這在心理戰術中相當重要。

例如在私人場合時，可擺出低姿態說：「怎麼樣，我們一面喝茶一面聊吧。」此種做法雖然讓對方暫時佔了優勢，但不久之後必可扳回局勢。

即使是很正式的場合，這種戰術也很有幫助，假如會議席上突然有人提出意外或偏激敏感的話題，經常會使會議完全陷入紛亂不可收拾的局面，若此時自己身為主席，應先認可其發言的重要性，但之後要加上一句牽制性的話語說：「此問題關係重大，待日後安排一個更充裕的時間再行討論，今天的會議就先讓原本提出的問題先有明確的結論。」

至於「日後」究竟是安排哪一天，也無須正確說出來。

此時有意見的對方只是獲得你「日後再討論」的約定，就很容易順從你的要求了，由於心中獲得了滿足感，所以亢奮的情緒得到鎮壓，當初的激動也就急速消弱了。如此般為了消除對方緊繃的心情，利用好像給與暫時性的承認和讓步的言語，使對方維持情緒的平衡最重要。

故意顯露自己的缺點來滿足對方的自尊心

任何一個集團裡都必定存在著一些對於什麼事情都講求理論和道理才能做決定的人，這些人最重視理論，本身以理論家自居並引以爲傲，對事情追根究柢，凌厲逼人，雖不是眞正的理論家，但卻不斷自稱爲理論家，然而周圍的人認定其不過是好辯的人而已，他們在議論時，無論說出來的是否爲歪理，所企求的只不過是辯論時的勝利罷了。

其實，任何事都能找出理由來辯論，然而一旦有經驗透過理論來攻破對方的經驗時，周圍的人容易視其爲理論家，結果造成其本人以此爲傲的自尊心。然而越被定位爲理論家，本人心中越容易構築一種「沒有成爲理論家不行」之類似強迫概念的心理障壁，因此，若爭論時輸了，被定位爲「理論家」的評價會崩壞，使自己存在的基盤陷入危機，所以更加認爲絕對不能輸，而堅決貫徹自我的主張。

要正確掌握這類人的心理，可反利用其防範對方而會提出反論心理之方法，例如當你的上司屬於這類型的人時，某天你提出一份企劃書給上司看，其實在這份企劃書裡有二點是自己也沒有十足把握的，上司看完似乎會提出那二點時，你首先先發制人開口說道：「有關於經費較多，實行的方法與過去方法不同這兩點可能有一些問題，但是……。」

當然，對於費用增加太多，或與過去實行方法不同之必然理由你心中都已有準備，但若你突然提出這些理由出來，以理論家爲傲的對方必會激起強烈的反彈，在此情況下，企劃書內容可能不被採納錄用。

由於如此才要說出：「雖然有些問題，但是……」來表示你充分了解到對方會有反對的道理，因爲他是經由敏銳的頭腦指摘出來的，也因爲先承認了自己的缺點，形成滿足對方自尊心之心理技巧，能像這樣搶先發言，對方會覺得會承認自己缺點的人，不須由他再指摘出缺點，因此心中認爲「既然你已經知道了……」，所以針對缺點有較寬容的心，不會再以堂皇的理論來攻擊。

第2章

藉由表現出「能幹」來掌握對方心理

當自己的意見不被接受時，表示其為「是第三者之意見」

假若所要傳達的資訊是假的資訊時，假裝是第三者之想法或意見來傳達，如此會比較具有眞實性。智慧型的騙徒就常利用人類這種心理來做爲犯罪手法。

例如，帶一位外國人到咖啡廳，悄悄告訴櫃台服務小姐說此人爲阿布達比的王子。過幾天，帶了想要追求的女孩到這家咖啡廳來，在聊天當中裝作突然有急事般匆匆忙忙走出店門外，被留在店內的女孩心中必定感到不安，向與這位男性很熟悉的櫃台小姐問道：「這個人是個怎麼樣的人呢？」櫃台小姐其實也不清楚此男子的底細，但對前幾天那位外國人的事還有記憶，所以回答說：「聽說他是阿布達比王子的朋友。」由於這第三者的話發揮了效果而被騙婚成功。

但這個場合裡，無論這位男士如何吹噓「我是阿布達比王子的朋友」，那位女性也不會那麼輕易就相信的。

我也曾有過啼笑皆非之失敗經驗，曾有位專門銷售別墅土地之不動產公司的業務員來拜訪我，由於他帶了我一位朋友的介紹函，所以我也不能太過於冷淡拒絕他而不得不與他見面。

他一見到我就說出一句話，令我無法不繼續聽他全部的說明，他那句深得我心的話就是：「我的上司A課長相當崇拜您，他說既然我要來拜訪您，便要求我拿這本書來請您簽名。」一面說一面拿出我最近才剛出版的書來。

「我非常崇拜您的」這種業務員說詞相當多，但由其本人開口說出來的效果並不大，因此他說：「我的上司A課長很崇拜您。」做爲緩衝想要說服我。這種說法比「我很崇拜您」更能搏取信任感，同時他又準備了書，對於他這句有效的奉承語，我也在不知不覺中落入圈套中了。

當然，這種第三者資訊也不全然被使用，在將假資訊被相信爲眞資訊之不好的目的，比如當小孩和壞朋友往來時，父母親無論如何說教都沒有效果，此時若拜託叔叔、嬸嬸等和小孩無直接利害關係的人，以自然的語氣對他說：「你父母親很爲你擔心呢……。」等等的話。

想付予「權威」來說服對方時，借用他人的權威也是一法

以親密語氣稱呼大人物或權威者，讓他人誤以爲自己也是大人物般之心理技巧常被利用，這確實有點不可思議，稱呼有權威的人時，越有親密感，越使人感到他也像權威者一般，這是利用稱呼對方的口氣反映社會力量關係或心理性力量關係之一般常識的手法。

例如不稱「某某先生」而稱「某某君」，或不稱「某某君」而直接叫對方的「名字」一般，以越親密的口氣稱呼，相對的也會使自己的立場提高，亦即讓如「一郎」之稱呼來代替掌握對方心理的手段。

已故的戶川豬佐武在其著書『惡之社會學』中描寫著「剛才被角君邀請去」或「我在福田（赳夫）的宴會席上」，以親密口氣稱呼未曾謀面之政治家來顯耀自己是多有能力角色之著名企業界的故事。不過近來政治家因其權威掃地，所以漸漸失去此利用效果了。

在電視界中也有類似的例子，任何主持猜謎節目等之藝人當中，將來賓直接稱「松本」、「濱田」的主持人不少，像這樣不尊稱而直接叫名字的多半都不是很紅的藝人。

由於不受尊稱而直接被叫名字，有些人會露出不滿的表情，但其實若當作衡量自己的權威，冷靜思考之下也是一件很有趣的事，未獲得默許而被利用權威的人，若能解釋爲因爲是自己太有權威，如此就不至於太生氣了。

在宴會場合中經常會看到喜歡和有名人士一起拍照的人，當然是說爲了留下紀念，至於以後那些照片會被如何利用呢？那些有名人士也是不得而知了，但想必會被使用爲提高本人權威之效果吧！

本來像這樣的心理技巧很容易就被拆穿，假定太過強調和美國總統彼此暱稱那麼熟悉的關係，但除了不瞭解此人的情況下會加以相信之外，熟悉此人的人只是認爲他又開始吹噓而已，所以利用此心理技巧時不要太頻繁或太誇張，而至於在偏僻地方的小餐廳常見到裝飾在牆壁上之藝人照片，只是顯得可愛而已。

聽到總公司設置在丸之內，易有一流公司的錯覺

將一流形象深植對方心中，使自己也被視為一流之人心掌握術，自古即常被使用之手法。某位自稱「企業家」之總公司設置於丸之內，他遞名片給人時必會加上一句「在三菱公司的那棟大樓」，而且必在銀座進行應酬。

應酬場合時也經常說：「我和某企業集團的××先生是老朋友了。」常如此將有名人士提出來，所以不僅商場上和他應酬過的人如此認為，就連銀座餐廳的女服務生們也被蒙騙了。

在交往幾次當中，以為此人為大人物而接受資金調度的要求，或投資龐大金額的經營者，或是將自己儲蓄拿出來借給此人的女服務生有好幾位。

那人在借得巨額款項後即逃之夭夭，底細為何不得而知，這也顯示出日本人崇尚「一流」的弱點。

近來××杯、×××球比賽等國際性運動大會以日本為會場揭開序幕，運動迷們

無不歡欣鼓舞。像此種大型活動也可運用爲宣傳自己公司爲優良公司的機會，邀請多數的外國選手及女啦啦隊員，負擔包括酬勞和滯留期間之一切費用，最近雖然較不景氣，但也只有不愧爲經濟大國的日本才做得到。

不僅大企業如此，連一些小企業也想爭取成爲這類大型活動的贊助者，爭先恐後湧到廣告代理公司來交涉，顯現出是想讓人產生一流企業之慾望而來，有了一流的名氣，業績亦會隨之水漲船高。

大型活動多半以廣告代理公司爲中心，由幾家公司的贊助者和新聞報紙等傳播媒體加以合作主辦，當然，透過電視媒體轉播時，著名的運動選手在球場上展現絕妙的球技，而背景中大幅的企業名稱廣告板也由電視網播放至全國，有時候，著名選手的運動服上也會清楚印上企業名稱，隨著運動選手的活躍表現，贊助企業之名稱也被輸入觀衆腦海中之結構。

而在幾次的轉播當中，一流選手等於一流企業之心理法則也被確立了。

以從容不迫之動作、態度威壓對方之方法

據說在動物的世界中，大多數的領導者都是體型較大者，其實在人類的世界裡也是相同的情形。曾經調查過哈佛大學商學院的畢業生，發現在社會上的升遷度與體型的大小有相關關係，確實，身材高的人對於對方產生的支配感和威壓感較強，所以若以此為武器，較能順利操控對方。

我在美國留學研究心理學期間，遇到一位身高超過二公尺的高大教授，我和他交談時都必須仰頭看他，的確令人感覺不舒服，若只單純感覺不舒服還好，常又受其壓迫感的影響，在不知不覺中接受自己不願意做的工作，或者其實他所寫的論文並沒有多完美，但又不知不覺去讚美他，像這樣受他身材高大而遭被支配立場的情形經常發生。物理上的大小破壞了原本應為對等之人際關係，而在心理上形成支配、被支配的關係。

因此，想威壓對方來掌握對方心理時，可下功夫靠服裝和態度讓自己顯得高

大，據說政治家喜好穿著條紋的西裝，就是爲了使自己顯得更高大爲目的之心態，所以若與很難對付的對方在咖啡廳協商時，動作和態度盡量從容不迫，坐椅子時慢慢向背後深坐，只是這些小動作就可排除對方產生威壓感和心理上的壓迫感。

即使和對方握手時，政治家都盡量用力握對方的手，以此給對方壓迫感，聽說和一百位選民握完手後，手會變得毫無血色，這可能就是因爲政治家握手時太用力的關係，他們想以此動作讓選民感受到自己的偉大，但爲了避免屈服於對方的壓迫感，我們也回應有力的握手就好。

相反的，若避免給對方壓迫感時，顯得自己較微小即可，像酒吧或餐廳的服務生就很少有個子高大的男性，因害怕帶給顧客壓迫感，這也是商場上希望帶給顧客輕鬆自在爲目的之精神。

幼稚園裡的老師和小孩子說話時會蹲下來讓視線與孩童一般高，目的也是要去建立心理上之對等關係。

對不聽話的部屬經常以命令口氣來強調上司的地位

『暴力教室』是我至今仍記憶猶新的一部電影，故事內容是由演員薛多尼．保懷扮教師，爲了矯正貧民區一所高中之暴力學生的過程，最後，學生和老師之間成立了心之交流，這部片子在當時引起了很大的轟動。

主角中的教師先給予每位學生在教室中必須要達成的任務，而對於反抗的學生斷然維持毅然的態度和嚴格的姿態，同時在任何場合都以命令的口氣對應。最初那些反抗心強的學生們也慢慢對主角的教師抱持了信賴感之情結，可說是典型的一種「心理劇」。

最近成爲熱門話題的校園暴力問題，原因之一被認爲是老師和學生的關係太過於傾向朋友關係，被指摘過於親暱，與教師應有教師爲向學生表示權威而不允許妥協之『暴力教室』例子有強烈差距之狀況。

任何人都擁有以上下關係爲軸，一旦接受命令之後便容易接受對方之心態發生，一旦發生了「命令→接受→接受命令易感滿足」之心理方程式成立，對方會產生心理上的安定感，之後容易順從命令，這是人類心理常態，因爲大家都不喜愛不安感，而喜愛安定感。

只是若形成習慣性，恐怕會造成以前日本陸軍般盲目的服從，反論完全被封閉，但若在某一定期間內必須要掌握對方的心理時，可善加運用此方程式。

某位花花公子曾說過，他只要誘引成功的女性，就絕不對她顯露出溫柔體貼的態度，在追求過程當中對對方相當體貼奉承的態度，在成功之後有一百八十度的轉變，一貫保持著「命令—服從」的關係。

例如，以命令口氣說「快去煮飯」「去買包香煙來」「馬上到某某地方來」等之方式，而多半的女性都會坦然順從。以上這點根據被稱爲妓女的情夫們中可證實，他們對女性都相當的傲慢無禮。

預約時間以「分」為單位來約定，表現出很忙的樣子

日本的社會中好像以忙碌的程度來代表一個人能幹的程度，像工作忙碌的「大人物」們在參加宴會時從來就沒有遵守過時間，雖然如此，被認爲能遵守時間者爲小人物的定理並不對卻也成立。在我們擁有相反也是對的之心理習性，認爲時間很緊湊的人多半都很能幹，有能力的人是值得信賴的，也由於如此，認爲遲到才是應該的，似乎對於遲到者抱持寬容的態度。

我有一位朋友就是這種每次開會或宴會必定遲到五至十分鐘的「習慣性遲到」的人，他每次一到會場就一面拿著手帕擦汗，然後一面說：「唉！越窮越忙，窮人才會忙得沒有時間。」等等的話，表現出一副很對不起的表情，不斷強調他忙得不可開交。但是實際上他的工作並沒有忙到連到了約定時間都趕不上的程度，而且貧窮與否也不得而知，其實他們是最有空閒的。

對於他們這種習性司空見慣的我，只會在心中覺得「又來了」。而回報以苦笑

而已，可是最先到達會場的人或許會以為他的工作那麼忙，一定是商業界中相當有能力的人士。由此看來，必須在約定前五分鐘到達的我，可能被認為沒什麼人邀請我寫專欄或演講，並不是多麼受歡迎的心理學者了。

為了表現出自己是一位有能力的人而來掌握對方的心理，假裝著相當忙碌也是方法之一，但為了愼重起見，約定約會時間時，不要剛好指定十點鐘，最好是約十點零五分，表現出是以分為單位來決定自己行程表的人物。然而，例如見面時先告訴對方只有十五分鐘的時間，不管談話是否已告一個段落，一到十點二十分即中止，然後告之急著要趕赴下一個約會。

假定要和女朋友約會時也是如此，絕不能在約定時間之五分鐘前即到達約會地點等待之愚蠢行為。例如，有閒暇而在約定十分鐘前即到達時，可先到對街的咖啡廳消磨一下時間，直到約定時間過五分鐘之後再到達約定場所，如此，你的女朋友一定會認為你是一位在公司裡受到重視的能幹職員而對你一時萌生好感。

但是在此還是勸告各位，為了確實掌握女友的心，眞正成為能幹的人物才是先決條件。

利用「光線」使自己顯得比實際上更威武

在美國，一般公司的總經理辦公室幾乎都設置於牆角的位置，所謂牆角辦公室指的就是在窗與窗之間的房間，白天由窗口照射進來的日光映在總經理的背部，如此能很奇妙地增加威壓感，到了晚上，有些公司甚至將整個辦公室的照明度變暗，只強調設在窗上部位由後方照向總經理辦公桌的燈光，爲了使總經理能掌握住員工心理，而如此細心講究地裝璜辦公室。

說到宮本武藏先生，大家都知道他是日本歷史上很有名的武術家，但他不僅劍道高超，閱讀其所著之『五輪書』可知他對哲學及倫理學也有很深的造詣，他將這種相當於現代社會學及心理學的理論成功地運用於作戰戰略上。

例如，他戰敗佐佐木小次郎的巖流島之戰，就是最典型的例子。首先，他故意比約定的時間晚二個小時才到達，讓對方等待，刺激對方的精神，減低其作戰時的集中力。

到了開戰階段，武藏背海而立與小次郎對峙，此時正好夕陽西沈，夕陽餘暉照耀在站立著的武藏的背後，使武藏看起來顯得更威風凜凜。

這是由於對手的正面被夕陽所照射，眼睛感覺疲勞所引起的效果，同時，以小次郎的眼光來看武藏的身軀，會比實際上顯得更威武，而達到使其心理上居於劣勢的目的。由正面來看背部被光線照射的人的臉時，會使人的心理產生微妙的陰影，喪失與對方對等地位的人際關係而形成壓迫感或恐懼感。由於如此，似乎不戰即決定了勝負。

事實上，小次郎在尙未充分發揮自己的實力之下即落入武藏的圈套中。有一種說法認爲論劍道，小次郎的實力較雄厚，但在心理術上，武藏則處於優勢地位。

像這般利用光線使自己顯得比實際上更威武壯碩，強調對方居於劣勢的心理術，在掌握人心時可善加利用。

只是以光源照射背部，對方很容易即落入圈套，所以在運用時也相當簡單，像這般受位置支配而決定了勝負之例子並不少。

想利用有勢力者之威光，經常置身於具勢力者之身邊

美國是一個實用主義的國家，每年有關成功術、理財術、推銷術之類書籍的出版層出不窮。其實那些書的內容大同小異，在一本書中若有出現一種是新的構想就算很不錯了，因其內容確實被追根究柢的研究得非常詳細。例如：約翰・T・摩瑞所著『成功之道』一書中就有以下一節：

「一般會議室裡所設置之長方型會議桌中，權力最大的席位是離門最遠的一邊，其次是爲其右側，第三在其左側。只要選擇那些位置很容易就顯現出權威，而且坐椅子的姿勢也有很大的影響力。例如坐在老闆右側座位時，椅子位置往老闆的方向挪，好像表示自己和老闆是相同陣線的，同時臉再稍往下方更能加強他人的印象。」

而在同一本書中也描寫著「由公司會議的錄影帶中可見，懂得要領的人不僅都坐在從老闆方向看來是在其右邊的座位，更想去坐在老闆的右鄰座。」這可能都是

由於他們豐富的經驗和調查所獲得的結論，然而在日本的會議場合中就不同了。

但是顯而易見，這樣的位置不僅在物理學上最接近老闆，而且不容置疑的比其他人更能分享老闆的威光。

坐在對面的位置容易強調出對立關係，所以位於側邊或斜方向之近距離才是最適合於心理性的距離，也就是具親密感的距離。相同的道理，在會客室等待時，以橫向斜坐的方向比較能縮短和對方心理上親密感的距離。

與老闆坐在近接位置而非對立位置時，在他人眼中會認爲此人必定經常和老闆在一起。由於如此，即使沒有採取任何行動也無所謂，自然而然能受老闆威光之波及效果。

如同前面所介紹那本書中所描寫的，確實那些懂得要領的人在沒有指定席位的宴會場合時，他們很自然就會靠攏到老闆身旁去喝酒，這種行動與其說他想去討好老闆，倒不如說，他是想讓其他人感到老闆與自己的關係如此親近之印象罷了。爲了證實這點可觀察這種人，他未必然期待能與老闆交談，而只是在老闆身旁藉機和想接近老闆的人談笑而已。

由自己先主動握手寒暄，使對方感到意外而趨於被動地位

曾在某一次的宴會上，我坐在一位日本外交官的旁邊聽到一則値得玩味的故事，是這位外交官駐英國時所發生的事。

這位外交官曾被派爲代表到某國領事館遞交抗議書，對方國家對於這些抗議漠不關心是衆所周知的。他們即使接到這類文書也都束之高閣，不表示任何具體的反應，由於如此，他想盡辦法要讓對方國家能有所對應。

結果他發現日本外交官因先天個子較矮，所以和外國人寒暄時易居於劣勢的態度。因此，即使要遞交指責對方國家不對爲內容之抗議書，恐怕效果也會減半，所以他認爲必須在彼此交鋒時確保心理上的優勢，如此才能使交涉順利進展。

於是他開始回憶其他國家外交官在交會時之姿態及氣氛之塑造等，最後他下了一個結論：

首先，一看到對方出現即立刻大步走向對方，在快接近對方身體的距離時要求

握手。根據過去的經驗，通常都是維持當對方要求握手時自己才加以回應的模式，但在那一剎那，自己即已居於「劣勢」了，相反的，若由自己主動先握手，可迴避開戰時之不利狀態。接下來即滔滔不絕地寒暄即可。如此之下，決定了最初見面一瞬間之行動。

不出所料，結果相當的成功，對方國家代表感受到和日本方面以往完全不同的經驗，而始終以謙虛的態度對應，抗議書的內容也傳達到其上層單位。由對方國家政府在不久後所發表的聲明就證實了其有所回應。

心理學上有所謂的「肢體語言」，根據此種理論，若能成功侵入到對方的身體領域，對方很容易轉變爲被動心態。所謂身體領域，表示人類意識及潛意識中所感覺到自己有影響力之空間，其空間大小因人而異，但普通大約是一個人周圍之一至二公尺的範圍。人的身體一旦受侵犯，心理上也會產生防衛本能的行動，如此使彼此關係居於劣勢的情形經常發生。

隱藏自己的缺點，對方會開始唱獨角戲

人的情緒會因資訊不足或資訊斷絕而急躁起來。例如有意外事件發生時，家屬們的心情會因現場資訊一直沒有傳回而陷入極度不安狀態。相同的，當對方沈默下來，無法獲得其資訊時，自己只能做種種的推測，但推測的範圍也有限度，漸漸地，不安感逐漸升高而認定「我輸了」的例子不少。

例如因勞資糾紛，事情越鬧越不可收拾的企業，隨著老闆的交接剎那，事態立刻有轉緩的跡象，這中間究意有何秘訣呢？是否發動強權來解決問題了呢？事實上並沒有任何行動。據說新上任的老闆只是沈默地對應。那家公司的勞工組織代表是激烈份子，在團體交涉時會毫不客氣的提出苛刻的要求。

當前任老闆於交涉過程中昏倒替換了新老闆之後，工會幹部又迫不及待的來找新老闆，但這位新老闆一直不開口。二個小時、三個小時過去了，工會幹部忍不住去抓新老闆的衣領，但他堅持保持沈默。

沈默了十個小時後，勞工們終於無奈地徹退，而在之後的團體交涉中，新老闆一逕保持沈默的態度。在這過程中，有位幹部提出說：「新老闆可能有新的打算，他一定會提出想像不到的高明策略。」結果過去一直主張苛刻要求的幹部們提出了妥協案，爭議有了轉緩，終於順利結束糾紛。

對於新老闆而言，眞正稱得上是沈默是金，由於他的沈默擴大了對方的不安感而陷入作繭自縛狀況，徹底的沈默斷絕了對方所能獲得的資訊。

資深的不動產推銷高手就常利用此沈默的心理術，例如帶客戶到現場土地參觀，在回程的車上三緘其口，因爲若業務員這方詢問「你覺得如何？」反而使客戶提高警覺，所以保持沈默，讓客戶心理先產生不安感。

「爲什麼他不繼續遊說我呢？是否發現我有什麼問題？」等等，客戶自己開始有很多平常不會想到的想法，於是客戶忍不住開口問：「有關那棟……。」此時業務員再開始回答，但到了此地步，客戶已完全落入業務員所設的陷阱中了。

引用權威者說法來正當化自己主張之方法

「相信各位都知道」或「這是衆所周知的事實」，在聽到這些話時，即使是第一次聽到的消息都會令人陷入好像以前就知道的心態。同時，由具高權威人士在報章雜誌的書評欄中所推薦的書，也會令人覺得那一定是一本好書。就好像看到著名人士推薦了一本過去從來不知道的某年輕人所寫的書時，會不知不覺下買回家的人一定有很多。

其實這些行爲都是一種錯覺，因爲我們在無意識中將被推薦的書和推薦者的權威視爲同等，這種心理性結構是日常生活中很多場合下會發生的。

電視的商業廣告或各種宣傳海報上，會引用著名人士或權威人士的原因就是應用相同的心理術。看到廣告的人將被宣傳的商品與人物的形象，在深層心理上加以視爲同等，這種心理的效果相當大。

所以，說服技巧高明的人通常會引用高權威者的話，或者引述著名人士的發言或著作，來正當化自己的主張，此種技巧的運用相當普遍。

但要運用這種技巧時，必須注意幾個容易被忽略的陷阱。例如策劃電視商業廣告時，被宣傳的商品和所選定角色之形象，不一致時反而會造成反效果，以下介紹一個失敗的例子。

某家以健康酒為主力商品的漢方藥品公司想要擴大業務，想選用新的電視廣告改變形象，突破「漢方」用語之既有傳統形象，掌握年齡層較低的年輕消費者市場，以全面性現代化衛生工廠設備為訴求，並聘請年輕演員為廣告模特兒，然而終歸失敗。

因為對於「健康酒」這種商品，無論男女老幼，消費者所追求的並非合理性或是新穎，而是對於其自古即存在之傳統性商品的信賴感與安心感。

像這種在運用著名人士或權威人士的話來正當化自己主張的場合時，很重要的條件是必須先詳細調查所訴求的對方所期待的是什麼，容易接受的是什麼，然後再加以正確的掌握。

為了使對方錯覺你的邏輯明確，將問題點鎖定幾個項目

最近出版了『幾山河』一書的作者瀨島龍三先生，他以對於多方面有強大影響力的人物而聞名。根據與瀨島先生見過面的人士指出，他經常以「這種問題會有三種情況」或「這個問題有三種答案」等的話語，將問題鎖定住三個重點。

所以，聽的人不會有同一個問題反覆聽好幾遍的情形發生，而能將瀨島先生所提出來的問題清楚輸入腦海中，無論問題是多難判斷的國際問題，瀨島先生都會立即整理成三個重點加以明快的回答。由於如此，想傾聽瀨島先生說話的人也越來越多了。

由於瀨島先生曾經擔任過日本軍方的參謀總長，所以的確是一位頭腦明晰的人物，但是，若只是頭腦明晰也未必能掌握對方的心理，根據我的推測，瀨島先生的話那麼具有說服力的原因，是他運用了將問題鎖定住三個重點之方法發揮了效果。

不管怎樣，我們對於果斷性的說法一般有較易接受的傾向，因為以自信的口吻

說話，容易使對方錯覺爲所說的話是千眞萬確的。這也就是心理學用語中的「捨棄」技巧，也就是在較細微的小數以下所出現的各種異論，以斷定小數時將小數以下捨去，而將各種問題歸納在整數內，如此一來，問題自然能夠明確化。

同時，若斷定答案只有唯一一個時，又容易給人產生獨斷性，說服力反而降低，但將問題歸納爲三點時就比較接近人類的思考模式，例如「過去、現在、未來」「天、地、人」「知、情、意」「智、仁、勇」「三位一體」「命題、反命題、綜合命題」等所表示的那樣，或者我們在設計選擇答案時的「對、錯、以上皆非」三種類一般。

我們在思考事物時由三種不同的角度，加以觀察的模式是自古延續下來的，實際上，在將世界上一切事象加以分析說明時，使用二種要素尚不充分，但以三種要素來分析說明，很多即能充分獲得完美的結論之情況。

深思這點可發現，在與對方談話時先歸納出三個重點項目，那麼，可讓對方產生一切都集約在這三點的印象，對方因此更能理解，此法不妨嘗試看看。

藉由第三者去說話，連不易相信的資訊也能被相信

一般而言，要坦誠去接受對方所說的話並不容易，例如一位經常被父親喋喋不休交待事情的小孩，當父親又再交待他：「走路時要注意車子」時，他只會形式上回答：「嗯！」其實回答時心不在焉，根本沒有放在心上，這是一種「習慣化」的結果。同時，在大人相互間的對話也是如此，例如，男女彼此不會直接表達出自己的心意，亦即表達出來的資訊經常受背地裡的顧慮所造成的影響較多。

在這當中，值得信任但卻少數的資訊爲「第三者之資訊」，單純地由口傳口宣傳之力量比有聲有色大規模之宣傳戰，更有效果的原因即在此，明白直接性大規模宣傳沒有效果的人，莫不竭盡所能想獲得學者、商品實驗、書評等，各客觀性第三者評價之效力。

我有位朋友的小孩就是因爲某一次的動機下，成績開始突飛猛進，其原因當然是發揮了他本身的學習意願所致，但背後也有著這麼一段故事。某日，小孩的叔叔

來訪，由於久未謀面，一面暢飲一面聊天，當中聊到小孩的問題，當時這位父親對叔叔說：「我家寶貝現在看起來好像悠哉游哉的樣子，但其實相當有潛力，他的資質比我小時候更高，所以只要他自己有意願，一定會進步神速。」

第二天，叔叔帶著姪子到約定的釣魚場，一面釣魚一面告訴他昨晚父親說的話，他說：「叔叔想不到你這麼孝順，你父親覺得你比他更有天份，只是潛力尚未發揮出來，只要你願意，一定能夠突飛猛進，父親對你期望很大呢！」結果這孩子露出了無法形容的喜悅表情，在此轉機之下，孩子的功課從此大有進展。

過去漫不經心的少年為何由於叔叔的一句話而能如此奮發圖強呢？

這當然是因爲叔叔是和孩子沒有直接利害關係的第三者，所以叔叔所說的話讓這孩子感覺具有相當的眞實性而深入其心，假定這些話由父親直接對孩子說，結果又會如何呢？孩子頂多又覺得「只是想討好我要用功讀書而已，我才不會上當呢！」並不會獲得任何效果。

要使自己成為一流人士，假借「一流商品」的力量

任何人對於代表權威的對象都會加以屈服或崇拜，認識一流人士或隸屬於超一流企業，或擁有超豪華之一流商品的人，都有被視爲具權威之一流人士的傾向，心理學上將這種現象稱爲「暈輪效果」（Halo Effect）。

美國的華爾街造就了許多智慧者的成功故事，其中一位股票經紀人就是靠辦公室裝飾了一幅石油大王洛克菲勒的肖像而成爲大富翁的，雖然他從來沒有想過他認識洛克菲勒。但大家都以爲他們是認識的，結果都認爲他一定知道一般人無法得知的經濟界極機密的情報，於是他自然而然擁有了很多優秀有實力的顧客而成功致富。

若能恰當運用此種暈輪效果，可能是使「對方心態信任你的最有效之心理術」；相反的，若居心不良的騙徒，多多少少也會應用這種暈輪效果使對方屈服於自己。

我有位擔任藝能關係主辦者的朋友，說來不是一位很正當的男性，當他判斷所要接待的人是重要客戶時，會帶他到自己一個人不敢去的高級酒吧或酒廊，而他技術高超的地方是在接待客人之前，他會自己先到店裡一次或二次，去時和裡面的男女服務生們寒暄「你好，妳好」，或是拍拍他們的肩膀表示親熱。

由於如此，大多數被接待的客人都以服務生們的表情，來判斷此人爲「高級店的常客」。到了此種程度，對方當然會信任此人了。

這個例子可說是極爲單純的暈輪效果之應用，但接近詐欺商法的業者們會準備更複雜的道具，曾經造成了極爲轟動的詐欺案。

例如，由鄉下地方前來東京的客戶，預備了大型的進口轎車到成田機場或上野車站去接他，讓前來的客人感到訝異。而且在辦公室地板上鋪上了鞋子踩在上面都會陷下去的高級軟地毯，客廳的沙發也是眞皮製的高級品。可說皆是爲了「暈輪效果」所準備之道具設備，結果這位客戶被此豪華氣氛所壓倒，將辛辛苦苦的畢生積蓄全部傾囊而出。

在會議等場合最後發言，能顯現出能幹的形象

在重要的會議場合中，因他人都搶先發言輪不到自己而感到急躁，可能各位都有過類似的經驗。不知如何將自己的意見加以歸納才好，或者應發表的構想尚未完全成形，容易落於人後無法跟得上競爭對手活躍的議論。

對於以羨慕又嫉妒的心情看著逐一發言的同事的自己，心中不免揣測著上司可能將自己評列為能力差者的想法。

的確，會議氣氛不活潑，發言就不會踴躍，可是以一般想法而言，發言內容豐富又充實、能將自己想法以更簡單語句正確表達出來，讓他人清楚了解，以及發言次數多的人，通常能使人對他產生積極參與會議的印象。除此之外，其實還有能給人感覺到充分具備能力印象之會議技巧。

我是由某位心理學的前輩學習到此訣竅的，他參與會議的姿態與衆不同，在有衆多意見被提出來的會議場合中，他並不會特別踴躍發言。但會議進行中都仔細的

記錄，等到議論大約快結束時再說：「最後我想再加一句……。」將過程中的議論全部歸納整理，總括後叙述自己的感想。

因此，他的發言極具說服力，對於每位發言者的意見，皆公平的加以重述而無懈可擊，這種手法具有能使自己在會議上始終被壓倒的立場反敗爲勝的效果，所以現在被應用得很普遍。

即使在會議中沒有什麼好的新構想，發言落於人後，但仍一面記錄他人的議論。一面仔細聆聽，那麼逐漸能了解他人心中所想的，也能冷靜地觀察會議氣氛的變化，加上會議中所被發言的視爲已被公開發表而能自己吸取。

而等到能掌握整體狀況後，再表示各意見間之定位關係，所以看來好像議論都是因總括而成功，充分顯現出你的能幹印象出來。

第3章

強調彼此為「同志」來掌握對方心理

見面次數與「親密指數」成正比

以智障兒教育聞名於世的美國多曼博士，開發了一套多曼氏文字教育法，簡而言之，即對幼兒寫著「媽媽」「爸爸」的紅色大字，只讓他們瞄一下就取走的方法，時間不超過十秒鐘。由於如此，幼兒們會覺得不知道會有什麼有趣的事發生，然後不久再讓他們看一下，給他們看的文字越來越小，最後字變成黑色。顯示文字的範圍由身邊逐漸擴大到遠方。持續此活動當中，幼兒們自然而然學會了文字的學習法，總而言之，訣竅在於剛開始時不能強制實行。

有位資深的保險業務員就是使用相同的心理術使得業績扶搖直上，他爲了獲得公司團體保險的契約必須去說服公司幹部的同意，但每家公司的幹部都相當忙碌，很難有與他們促膝長談的機會。

此時，沒有經驗的業務員只要能見到對方就視爲千載難逢的機會，千方百計想說服對方而纏住不放，無視於約定的時間已超過或有其他訪客而仍滔滔不絕自說自話。

其實對方可能是顧慮到介紹人的面子，或者對於熱心的業務員不忍拒絕而無奈與他見面而已，然而沒有經驗的業務員，爲了想趕快讓對方明瞭自己的意思而長時間纏住對方，反而讓對方心生困擾而獲得反效果。

但是這位資深業務員不會突然打出長打，而是一步一步腳踏實地的瞄準果嶺，判斷對方的心情，應該結束時就立刻結束談話，當推測到對方心中可能想著「爲什麼不趕快結束談話呢？」時便說「我下次再來拜訪」而站起來，反覆這種方式幾次，到了彼此很熟悉之後，對方反而會覺得「太熱忱又盡職的人又來了」而敞開心房加以對待。

聽說深獲女性青睞的男性皆是屬於勤快型的，同樣要說服女性，但無視對方心情而強制說長時間的甜言蜜語，並無法獲得女性的心。

反覆多次接觸對方的男性反而在不知不覺中感到親切，到最後受其熱忱感動而降服，由此可知見面次數與「親密指數」成正比。要掌握初見面的對方、忙碌的人或沒有時間的人的心理，不要期望只見一次面就能了解對方的心態，而應掌握下次能再見面的機會，迅速結束談話而留下美好的印象。

誇大描繪自己小小的缺點以隱藏自己的缺點

美國有一部喜劇電影，是描述一位已經退休的老富翁，著迷於一位因爲某種因素不得不男扮女裝的歌星，而竭盡所能向他求婚的情節，這部電影至今讓我印象深刻。那位男扮女裝的歌星，爲了拒絕老富翁的求婚，將自己所有的缺點一一列出來，然而情人眼裡出西施的老富翁卻說：「我可以包容你的一切。」堅持要接納他。

逼不得已的這位歌星最後告訴他：「我的身體有重大缺陷。」老富翁聽了以爲他得了什麼絕症，所以很緊張的追問他的重大缺陷爲何，他突然將金色假髮拿下來露出眞面目說：「我是男兒身。」但是，老富翁卻如釋重負般的表情說了一句「我原諒你」，這就是這部電影情節的大綱。

那位歌星可能不太了解人類心理的微妙，一般而言，我們常會有聽到對方誇大其小小缺點時忽略其他缺點的傾向，假定有十個缺點，只注意其中一個缺點時，對其他九個缺點就不會太關心了。那位歌星不明白這點，誤以爲只要告訴對方一個缺點就能杜絕對方追求他的念頭，沒想到老富翁連對他性別上的缺陷也都加以包容。

如果那位歌星刻意隱藏自己的缺點，只想顯現自己是位絕世美女的話，反而會讓老富翁發現怎麼腳這麼大，在尚未到達告白本身性別上的缺陷階段，即成功讓老富翁放棄了求婚的念頭。

社會上常會應用到像這樣的誤導方式，例如俗稱的「媒人嘴」，這句話隱含的意思就是媒人的話不值得信任。因爲由「媒人嘴巴」所介紹的女孩皆是沈魚落雁的美女，而且都是畢業於一流女子大學，個性溫柔體貼，沒有任何缺點之完美女性。對方的男性聽了會很興奮，認爲既然是那麼優秀的女孩，就一定非去相親不可，結果發現對方個子太矮了。

相反的，厲害的媒人反而會先說這女孩唯一的缺點就是個子太矮了等等，故意強調男方可能會介意的缺點來掌握住對方的心。相同的，優秀的業務員不會只列出自己銷售商品的優點，反而會先列出對方可能最介意的幾個缺點來提升業績。

以「我們」代替「我」來加強「同志意識」

有些人在社會上被稱爲演講高手，他們只要一開口便馬上能和聽衆打成一片，只要舉起手臂，成千上萬的群衆跟著舉起手臂，過去的希特勒及義大利的墨索里尼皆屬這類人物。他們爲什麼能如此輕而易舉就掌握住群衆的情感呢？

其要訣在於所使用的言語及所採取的態度，使其所表達出來的內容並非屬於他個人，而是屬於全體聽衆共通之意識，巧妙地深植大衆之心。仔細聆聽他們的演說，必會發現運用了以「我們」或「咱們」的表現法，以「我們」代替「我」的說法，使聽衆產生「命運共同體」的意識。

日本的政治家們也常運用相同的手法，例如他們會說：「我們務必及早處理特定住宅金融專案，確保存戶安全及國際信用。」聽到這樣的說法會讓聽者產生國民全體，或大部分皆贊成政府專案的印象，然而他們所謂的「我們」指的只是屬於他們的政黨，因爲處理特定住宅金融專案而能獲取某些利益的團體。

像這樣的心理術，適合應用於去說服自我意識極強的對手，對於不喜歡受強迫或壓制的人是不容易說服成功的，因爲不管多麼熱心的說服，都會被認爲「只不過是爲了自己的利益罷了」，而在心理上產生更大的反彈。由於這類型人建立了一道「自我」的圍牆，無論怎樣合理化的說詞都無法打動其心防。

爲了掌握住這類型人的心理，若能在進入對方自我內心深處之前，利用「我們」的表現語句，以使對方認爲彼此有共通點爲先決條件。這類型的人對於自我較敏感，同時歸屬意識也強，所以很容易被「我們」或「咱們」的說法所誤導。同樣的，男女之間也避免使用「我和你」或「你和我」，而說「我們倆人」或「咱們倆人」，如此易使對方有互爲一體的感覺而快速敞開心房。

假若對方並不屬於前面所說的類型，但身爲說服者的你，平常被認爲是「主觀意識強烈」的人，更應該刻意常使用「我們」或「咱們」。

找共同的敵人封鎖住對抗自己之對手的不滿

曾經看過一本科幻小說，情節是描寫美俄兩個激烈對峙，當戰爭結果到達要按下核子飛彈按鈕的剎那，接到火星人即將攻打地球的情報。由於此情報的到來，美俄雙方即刻停戰，共同組織地球聯軍，團結一致迎擊火星軍。故事的內容極爲單純，但不知爲何令我印象深刻，仔細想想發現，這只不過是應用簡單的心理術而已，所以在我腦海中留下了記憶。

人類的心理上或多或少都存在著「同調心理」的心理架構。簡而言之，就是想加入其他伙伴去做他人所做的事之心理，這種心態由流行的現象即可淸楚了解，爲什麼會模仿奇裝異服或怪異的髮型呢？

其實，就是一種想和其他人相同的心態所致。

但在相互有爭議、反彈時，這種「同調心理」不會起作用，前面所提到的科幻小說亦是如此，美俄兩國是因爲有了火星軍這個共同的敵人後，才發生「同調心理」之作用。例如，某一行業中有兩家公司處於強烈對峙的局面，但因消費者運動對這兩家公司的產品激烈抨擊，於是原本競爭狀態的兩家公司團結一致，共同因應此困境的例子經常能看見。

反過來說，想要掌握很難彼此協力配合、對自己有反感或不太願意合作的對手的心理時，運用這種「同調心理」架構可以發揮良好效果。假若在公司中有對任可事都感覺不滿的部屬，爲了讓此部屬合作，可找出與自己相同的敵人。例如說：「如果你的業績再持續下滑，你和我可能都要被調到分公司營業處了。」等等找出假想的「敵人」也不失爲一好方法，如此一來，會產生「同調心理」作用，不滿的部屬反而會認爲應該好好與上司協調合作。

對於相互反目成仇的同事也是一樣，列舉出其他部門被看好的人物告訴他們說：「如果他被調到我們部門的話，我們可能會被迫居於劣勢。」等等的話，雙方反而容易成爲聯合陣線，俗話說得好「昨日敵人能成爲今日朋友」。

讓反抗者成為說服者，對方馬上會順從你

A同學爲某中學裡出了名的不良少年，他召集了校內二十幾位同學組成幫派，自己則爲幫派老大，在校內行爲跋扈霸道。有好幾位老師曾使用各種方法試圖說服改變他，但卻沒有人能打動他的心，不僅如此，反而使他得寸進尺越來越囂張，學校方面簡直拿他沒有辦法，對他束手無策。

新學期開始，由別所學校轉來一位該縣在對學生生活輔導方面數一數二的輔導老師，這位老師一來便開始進行輔導A同學的計畫。

首先，他發現A同學最親密的跟班爲B同學和C同學，於是這位老師企圖採用讓A同學去說服B、C兩位同學改過自新。

他對A同學說：「你本身的問題就算了，老師們已放棄。但是B和C同學雖然目前有墮落傾向，未來還有希望有所作爲，你難道能保證去負責B和C的將來嗎？既然你沒有把握有辦法讓他們以後能跟著你混，希望你現在負責說服他們回頭，改過自新。」

雖說A同學是幫派老大，但其實也不失是一位能成爲領導者的人材，他聽完老師的一番話後，感覺老師很信賴他。在感動之餘花費了幾天的時間去說服B和C同學，結果B同學和C同學決心「洗手」脫離幫派。

然而精采的是在幾天之後，A同學來到老師辦公室，一面害羞地微笑，一面說他決定重新開始。過去老師們想要直接輔導A同學的問題皆告失敗，其實在反抗心強的青春期不能坦誠接受是可想而知的。對A同學而言，老師們想說服他的話是他所不想觸及的自我核心問題，所以當然會遭到他的反彈。

這實際上是屬於本人問題的情形，但乍看之下卻利用與本人完全無關的方法提起問題，這種心理術的運用效果相當大。

亦即讓他成爲和他本人有類似狀況之人的說服者，如此，本人可在不傷害自我核心下觸及問題的本質，更能客觀地掌握狀況，A同學能以第三者的眼光看到B和C同學的愚蠢行爲，而加以自我反省，即是最好的例證。

讓全體有發言的機會可造成參與感

由文化人類學者川喜田二郎先生所開發稱爲ＫＪ法之構想法，其後被以ＳＯＮＹ電機公司爲首的多家企業引進，獲得了極大的成果。ＫＪ法與其說是單一構想法，不如說是團體構想法或組織管理法的色彩更濃。

所謂ＫＪ法是將所有微小的問題點全部寫在小卡片上加以分類的方法，其重點不在於結果如何，重視的是思考過程。

亦即團體中的每位成員針對某個主題，率直地將自己的想法毫無保留地寫在卡片上，然後全體共同整理卡片加以分類，因此，無論所得結論爲何，全體的認同性相當高，在處理事物時能達到一致的共識。

勞動工會也利用與此法完全相同的方式，他們耗費很長的時間召開大會，無論多小的申訴和要求都可以提出來，到最後整理成幾個項目之標語口號。這是一種被廣泛應用於意志統一的手法，既然稱爲意志統一，則每個人各種不同的要求和主張，多多少少都會被排除掉，但要如何整理出口號，關鍵就在於工會領導者之力量。

無論多麼複雜多變的要求都先加以仔細聆聽，然後徹底濃縮單純化，越是單純越使人覺得明確化，因此，即使理論上稍不合邏輯也無所謂。如此，人易錯覺爲自己的想法被巧妙地組合，而能適切表達自己慾望一般被表達，而覺得自己的意見被接受而成爲口號。

即使是微不足道的意見也讓他們盡情地提出來，包括所有的意見都讓工會會員充分討論，給予全體人員都有發言的機會。由於如此，他們必然對自己所獲得的結論有強烈的共識。

這種心態也可應用在假裝接受對方要求之態度，但實際上卻是排除在外的手法。有大衆煽動天才之稱的希特勒曾經說過：「爲了易於操縱大衆，儘量使用簡短且單純化的口號。」

與初見面者約會前，預先調查對方之近況、嗜好

無論是誰，要和有名人士或地位高的人約會時，其實多少都會有些膽怯，當在心理上被壓倒屈居下方時參加約會，容易顯得沈默或會反覆說著「這個、那個」，使對方留下不佳的印象。

在這樣的場合裡，不管多小的問題也好，首先都必須提到有關於對方之近況、興趣嗜好等的事，表現出你熟識對方的態度，培養彼此的一體感。我曾從某位文藝編輯朋友處聽過這樣的情形，也就是他本人向某知名作家邀稿的故事。

那位作家的怪脾氣聞名文藝界，常令各出版社的編輯們感到頭痛不已，所以我那位編輯朋友從得知要會見這位作家開始就緊張萬分。

邀稿案底定，但會面時和這位作家的交涉相當不順利，無論他如何以三寸不爛之舌想盡辦法去說服，作家都只是以「哦，是嗎？」「說得也是」來對應，完全沒有機會切入主題使其接受。莫可奈何的他最後放棄了今天能說服的念頭，決定改天再來拜訪，於

是開始和作家閒聊。

他腦海中突然想起幾天前曾在某文藝雜誌上閱讀過這位作家的近況，於是隨口說道：「聽說您的某篇大作被翻譯成英文在美國出版。」結果這位作家「嗯」了一聲，身體往前挪了一下，態度突然顯得熱絡起來，他繼續說：「您優雅的文筆和獨特的文體風格，外文能夠充分表現出來嗎？」

作家開始笑著回答說：「有關於這點……。」原本已失望的他又開始點燃希望，最後終於獲得作家的首肯爲其出版社撰稿，任務圓滿達成而歸。

爲什麼原本態度冷漠難以接近的作家，會因他的一句話而一百八十度轉變呢?理由不外乎是作家明白這位編輯不僅只是向他邀稿而已，而且也仔細閱讀過他的作品，所以對這位編輯產生了親切感。換句話說，讓對方覺得你重視他的事，並且充分了解，如此便能像這位編輯般在心理上佔了優勢。

照顧到對方之生產環境可減弱對方攻擊力

這是日本江戶時代發生的事，某村落的農民湧入公所辦公室要求改革村政，當時有位官員告訴前來的農民說：「大家有什麼話稍待一會兒再說，你們肚子大概都餓了吧。」等農民們吃飽後再向他們懇切說明目前村公所財政上的困境，當天，農民們坦誠聆聽官員的解釋，安靜地離去。

當然，不是如此處理問題就能徹底解決，但卻能暫時緩和局勢，讓場面相安無事的結果，讓對方產生想要接受說服的態度。

我曾在美國參加心理學會時，看到華盛頓的官員中有類似「古代官員」之作風，那是華盛頓政府當局，爲了翌日將在華盛頓紀念廣場舉辦大規模反戰示威遊行所做的一切防備準備，他們利用消防栓作爲飲水場所，並到處設置了公用電話和流動廁所，使參加遊行的民衆隨時隨地獲得生理性需求的滿足，同時還透過廣播及電視畫面體貼地提醒民衆：「遊行活動從明天早上十點開始，請大家今晚提早就寢，補足睡眠，避免體力不支，並請注意充分的飲食。」

代表政府當局竭盡所能採取一切措施，以防參加遊行的民衆睡眠不足、飲水不足、聯絡不易等，如此可以淸楚看出政府當局的意圖了。

我本身在飢餓或睡眠不足時，也就是在生理性需求沒有獲得滿足時容易煩躁、發怒，但在充足的飲食和睡眠之後，精神飽滿，能夠保持平衡的感覺，冷靜思考應對。

原本來參加示威遊行的民衆都是對戰爭感到極度憤怒不滿的人，若在遊行當中想上廁所又找不到廁所，必然會增強憤怒的情緒，暴動隨時可能會爆發。爲了能隨時滿足其生理性的需求，政府當局才很週延地做了一切的準備，翌日所舉行的示威活動可能就是當局的意圖獲得成功，聽說遊行在和平理性的過程中結束。

爲了要說服激動的對方，首先滿足其生理上的需求，使其怒氣平靜下來也是很好的方法，例如國會議員們若不吃不喝，熬夜開會審議提案時，絕對制定不出賢明的法規條文；若在野黨以尖銳話鋒攻擊時，可以提出「大家休息一會兒準備吃飯好嗎？」營造彼此能冷靜交談的「生理性環境」，相信問題很容易迎刃而解。

為了讓對方敞開心扉，讓他覺得你站在他的立場

以家庭主婦爲對象的綜藝節目中，大多安排有生活諮詢單元，據說收視率相當高，但此現象也可說展現了人類心理幸災樂禍殘酷一面的事實。

我在朋友推薦下看過幾次，結果發現，以我心理學者的立場來看，諮詢者被輔導專家說服的過程值得玩味。

多半的諮詢者剛開始對於輔導專家的建言皆提出各種反論來辯解，無法坦然接受。但隨著時間的經過，不知不覺中對輔導專家的每一句話都頻頻點頭，其過程中的心理變化比看普通的連續劇要精采得多。

以此角度來看，此種生活諮詢好比心理術的實驗室。

由於每一家電視台都會聘請各界有名的人士來擔任輔導者，所以很多時候都會利用令人欽佩的心理術，但以我的觀點來看，在最後關鍵所使用的「訣竅」上，每位輔導者都大同小異。

根據消息靈通人士指出，輔導有一定的「心理方程式」，按照此方程式來看整個進行過程，多看幾次必能猜測出結果，但是否眞是如此不得而知。

但是無論如何，對於躲藏在殼裡很難敞開心扉的諮詢者，輔導者最常用的是好像站在對方立場爲他著想一般的技巧。電視上的生活諮詢單元裡最普遍的案例是婦女有關於離婚的諮商，但聽到輔導者說：「如果我是你，我會原諒丈夫不離婚。」通常諮詢者會不加思索地表示同意。

其實我們每個人最重視的是自己，所以對於「如果我是你」這種好像站在對方立場來說話的口氣，無論是誰都可以無條件發揮說服力，即使前後說詞不合邏輯，但能自然誠懇地插入這句話，人們的感情很容易受到刺激，而錯覺爲對方是站在自己的立場來思考問題。

反過來說，「如果我是你」這句話其實是巧妙運用心理術的一句說詞。

為使對方產生強烈不安狀態，只給予一些暗示即可

一般而言，人一旦陷入強烈的不安狀態時完全摸不淸方向，這是與動物原始心性相似的狀態，就好比魚群中的領導者向右行，則所有魚皆跟著同右行相同的現象。由於處於不安狀態時，思考活動產生停滯，自己無法自由決定意思，只能靠直覺性的判斷。此時行動的指針憑藉的是領導者的一句話或行動，或者是他人的暗示。

尤其當陷入呈恐慌狀態的混亂程度時，這種傾向會更明顯，無判斷地全面性接受他人之言語行動。

總而言之，就是將他人的資訊毫無選擇地全盤接受，例如，當飯店發生大火災時，平常很理智的人也會陷入恐慌，受他人言行左右，原本有好幾道門可逃生的，卻爭先恐後紛紛擠到同一道門去，這可說是最具代表性的例子。

曾經以說過「爲什麼？」而聞名的前三越公司董事長岡田茂先生，他因某事件的轟動受到社會矚目，由於一起被關在牢獄中的伙伴在某本書中披露了岡田先生的獄所生

活。所謂「爲什麼事件」是發生在岡田先生擔任董事長時代，因波斯密寶展被揭發有仿冒品，而至公司內外集中炮火解任其董事長職務之事件，其中最具衝擊的是做夢也想不到董事會竟以十六票比零票的差距，全數通過解任董事長的議案。根據日後的新聞報導透露，當時反岡田派的十四位董事都站起來，但不知情的其他二人聽到旁邊的董事向他們低聲說：「我們大家都決定要站起來。」而跟著站了起來。

在強烈不安的狀態下，只靠僅得的一些暗示，就採取與平日行動完全相反的例子不少，那兩位三越的董事眞意如何不得而知，但不容置疑的是他們處於沒有任何訊息而極度不安的狀態之下。

由於如此，聽到好像大家都已經下了決定般的「我們大家都決定要站起來」這句話，並沒有經過思考就衝動的站起來，這種舉動其實是不難推測的。

只要考慮到人類心理上的弱點和盲點，就能了解到要掌握對方的心理並不難。總而言之，就是去阻斷對方獲得資訊的來源，使對方陷入不安的心理狀態。

拉攏不滿份子可鎮壓團體的不滿

在推銷業務領域裡被認爲最重要的銷售戰略爲「讓商品的買方成爲推銷員」。例如在住處拜訪時，對買車持強硬反對態度的，是爲了維持家計傷透腦筋，而省吃儉用的家庭主婦。假如汽車業務員仔細描述擁有自己車子的便利性，成功說服了態度強硬的主婦後，那麼將來這些原本屬反對派的主婦，便能成爲強力的贊助者，大力向鄰居太太們宣傳車子的方便。

對某個意見最大力反對的人都具有強而有力的理由，更誇張一點說，反對派所有的意見都集中在此人的強硬意見之程度，其抵抗力越強越受到反對派的支持。但是若那位反對者能轉變成贊成派，他會以自己被說明時更好的理由強力去說服反對派人士，無論其本人有否意識到，不滿份子的首領才是能成爲最有力的說服者。

瞭解到這層道理的經營者，就經常利用這種人類心理成功地制壓了不滿份子，我最常舉的就是經營之神松下幸之助的例子。勞方和資方原本都是以相對立的關係存在，但據說松下電器的勞動工會會長是最虔誠的「松下敎」信徒。

後藤淸一先生被稱爲松下電器的大掌櫃，他所寫的『指責、被指責記實』一書中有以下的記載，後藤先生回憶他說服屬下的方法，也描述年輕時身爲強硬反對者之自己，被改變爲說服者之過程。

過去松下公司的員工都穿著和服及圍裙工作，但有一天，公司裡稱「步一會」的員工聯誼團體卻決定要製作步一會的制服，讓原本習慣穿和服及圍裙的員工們戴上瀟灑的帽子和顏色鮮豔的襯衫，難怪反對的聲浪此起彼落。

此時，松下先生以誠懇的語氣和態度去說服強烈反對穿制服案的後藤先生，使他成爲反對派中的說服者。

後藤先生回憶當時的狀況說：「是將我視爲反對者的領導人才採取此處置的嗎？我也不得而知，但他可能就是這樣想的吧。讓資深反對份子成爲說服者來說全體反對人士的技巧，令人佩服之至！」

同窗意識和同族意識是提升對方一體感的最佳武器

找出彼此意見中的共同點，並刻意向對方強調此共同點來掌握對方之心，也是一種心理技巧。例如，聽到對方的話中有某些點與自己的意見一致時，就要刻意強調「對了，對了，就是這點！」將此訊息擴大傳達給對方。有時候可刻意而積極地反覆提出小小的共同點插入彼此的談話中，使對方意識到此共同點，如此一來，對方很自然會逐漸接納你和他是同一陣線的。

但若對方仍然頑強地加以拒絕時，還可採取另一種方法，告訴對方：「聽你說話的語氣好像我們兩人的意見完全不同，但至少想要儘快解決問題的想法就已經一致了，你說不是嗎？

所以，我們不要一開始就說不行或不對，繼續進一步找出共同點好嗎？」這種說法乍聽之下似乎是強詞奪理的詭辯，但對方卻會被反覆提出的「彼此的共同點」這句話所誘導而敞開頑固的心扉。

另一種方式則是強調人類屬性當中彼此在某一點上是一致的，讓對方意識到處於共同的地盤，感覺到彼此並不是沒有關係的人，也就是將「同期」的同窗意識和同族意識加強出來的方法。例如彼此同為男士、上班族等廣泛的伙伴意識，有時也能創造出意想不到的共鳴感。

我和一位來日本留學的美國女學生交談時，發現她在接觸日本人時所感覺的第一印象相當有趣。由於這位女留學生所認識的日本社會是橫向社會，所以認為多半的日本人都很古板且封建思想濃厚；但實際接觸過才發現日本學生會說：「你也喜歡披頭嗎？我也是。」或者「你攻讀心理學的原因可能是對自己的心理有興趣吧，其實我也是因為這個原因。」等等的話，大家很快打成一片，相處也十分融洽。

當時我曾向她說明並非只有日本人才有這種心態，和印象好的對方發現了彼此的共同點，而以此共同點為中心建立出良好的人際關係，其實是人類普遍存在的心理狀態。

「囮子戰法」對協調異端分子有效果

我曾經在某一個電視節目中邀集了二十位中學二年級的學生進行一項實驗，所謂的實驗其實很簡單，原則是讓他們站在一端觀察左右並排的二條線，然後回答哪一條比較長。而在這二十位學生中，眞正的被實驗者只有十人，剩餘的十人其實是囮子。

實際上是左邊的那條線稍微長一點，但我預先指示囮子們回答「右邊」，並安排這十位囮子按順序先做回答。當這十位囮子全部回答完「右邊」之後，第十一位開始才由眞正的被實驗者回答，令人訝異的是後面的十人中有八人皆回答「右邊」，所以的確造成了向右看齊的狀況。

由此實驗加以明確化出來的，當然是要看團體壓力如何扭曲個人思考方向的狀況。實驗中的被實驗者心理，可能心中所想的是「右邊」，但當面臨了自我本身判斷和團體「右邊」的判斷不同時，心中所產生之糾葛不難想像。結果他們做了順從團體判斷來解消心中糾葛的決定。

亦即周圍的人將白的說成黑的時，根據人類普遍的心理狀態也會有傾向黑的之心理。像這樣的團體壓力隱藏著使人將白的誤判為黑的之魔力，但在此時要單獨一個人站出來主張爲白的就很困難了，尤其在沒有培養出個人主義思考模式的日本社會裡，這種傾向更加強烈。

要能排除此種團體壓力的人除了自我觀念極強，或對自己判斷力有絕對自信的人之外，可能就只有能說出「沒穿衣服的國王」之純眞的孩子而已。

前些時候我在某週刊雜誌看到一幅漫畫，就是辦公室裡利用這種團體壓力來捉弄令人討厭的課長，看完不禁令人莞爾。那一部門的全體職員串通好將辦公室的時鐘撥快一小時，然後告訴課長說：「課長，已經六點了。」這位課長看了看自己的手錶很納悶地想著「只有五點而已啊」，但看到每位職員都說已經六點了，於是一面說「我的手錶該拿去修理了」，一面收拾東西提早一個小時下班。

像這般協調好周圍的人，就能簡單使中心主角之意見有一百八十度的轉變。

先自己斷定才能讓迷惑中之對方下決定

例如在傢俱店，客戶在要買圓桌或方桌而猶豫不決時，若店員不厭其煩地詳細分析圓桌的優點及方桌的方便之處在哪裡時，客戶可能最後兩樣都不買就回家了。遇到這種情形時，技巧高明的店員會以很肯定的語氣說：「貴府的情形應該買圓桌，圓桌給人有煥然一新的感覺。」客戶聽完這番話，心中「要選這種或那種」的猶豫迷惑會豁然開朗，不覺中就下決定買了。

在對事情做決斷時，無論是誰都曾有過因某些困惑，而陷入迷思無法做出結論的經驗，遇到這種情況時會很期待別人的建議，而此時最有效的建言是清楚鎖定具決斷性又有魄力的答案。這種技巧相當簡單，但運用得當，這種決斷性手法能順利掌握住對方的心理。

某位刑事警官曾表示，對嫌疑犯逼供的方式之一就是不斷對他說：「你遲早會說出實情的，遇到我的人沒有一個不束手就擒，所以你絕對會招供。」若嫌疑犯眞正有犯罪，心中一定爲了應該坦誠招供還是繼續隱瞞而糾纏掙扎，此時如果刑事警察採行一般反覆給予斷定法之暗示，嫌犯的心防很快就會被攻破。

有些花花公子誘引女性時也利用這種斷定法，他們一有機會就對追求的女性灌輸說：「除了我之外沒有人能和妳匹配的，妳唯一能選擇的道路就是與我繼續交往，而且你絕對能擁有幸福。」

相反的，當花花公子想與交往的女性和平分手時，也可利用相同的手法，他會對她說：「妳和我在一起不會有幸福的，妳一定得離開我，這也是妳唯一能選擇的路，唯有如此，妳才能獲得眞正的幸福。」

當聽到第三者以肯定絕對的口氣說「答案只有一個」時，困惑而亢奮的心理能量會一拳朝被斷定的出口渲瀉而出。

「非你莫屬」這句話可讓對方樂意接受討厭的工作

我們經常都知道對方是在阿諛奉承，但爲什麼受對方讚美仍會感到高興呢？其實無論多麼自信滿滿的人，在其自信心的背後仍存在著不爲人知的不安感。所以潛意識中會有想將此不安感加以否定的欲求，而由於奉承的話語能夠滿足此欲求，所以即使理性明白對方是在說謊話，但心情仍會因此感到愉快。

上司想讓部屬接受他討厭的工作時，所慣用的語句就是「非你莫屬」，例如人事異動案接到命令的部屬，對於自己爲什麼成爲異動對象必抱持著不安的心態。

即使新部門是自己所專長的領域，但對於是否因賞視自己的能力，才做如此調動仍抱持懷疑的態度。若此時上司一句「非你莫屬」就可消除其不安疑慮，假定調動的部門是自己擅長的業務，能更強化自信心，即使是調到不喜歡的部門，也會因能展現自己的另一面而欣慰。

養樂多隊的野村克也教練也是日本最優秀的總教練，但他可稱爲是相當高明的心理學者，以下例子是發生在以救援投手揚名日本職棒的江夏豐先生剛被調爲救援投手時的事情。當時野村先生擔任江夏所隸屬的南海鷹隊敎練，野村先生形容江夏的性格是一位十分堅持自己信念的一匹狼或問題兒童，他執意要成爲先發完投投手，所以要接受調爲救援投手的要求，對江夏而言可說是極大的屈辱，他完全無法察覺野村先生的苦衷。

不久之後，江夏仍頑固地堅持「我要當先發完投投手，若不接受我就退休」。野村先生爲此苦口婆心地勸說江夏，最後他說：「要能開拓救援投手新領域，提升藝術水平的人非你莫屬了。」

江夏受這句話的鼓舞而樂意接受了野村敎練的安排，重新開拓新境界，其後他在職棒場上活躍展現的成績大家有目共睹。

其實野村先生並沒有刻意刺激對方的自尊心來讓他接受不願意的任務，但毋庸置疑的，是「非你莫屬」這句話打動了江夏，使他燃起對新任務挑戰的信心與勇氣。相反的，不懂技巧的上司對部屬說了許多露骨的奉承話，卻反而使部屬產生排拒感。

強調共同體驗可杜絕對方之猜疑心

日本人長久以來都生活在封閉的島國社會，和歐美人比較起來，對不屬於自己圈內的人（Out Group）有冷漠、抱持無謂猜疑心的傾向，但若發現對方其實是屬於自己圈內的人（In Group）時，即使是初次見面的人，也能易如反掌地營造出融洽親切的氣氛。

如此般彼此發現同為圈內之共同地盤後，毋須多言也自然能產生信賴關係。例如利用權謀術數在波濤洶湧的巨浪中游泳存活之政治人物，就能在政界殿定穩固的地位；對具有地緣、血緣關係者，或學校同窗等，很容易敞開胸襟建立良好關係。但反過來說，政治家們也都會積極利用人類這種特有的心理。

所以，若對初見面的人在沒有任何契機之下顯露出親密的言行，或者太親暱的態度，對方必然會猜疑此人有何企圖，可是有些人的職業必須要先突破初見面者之心防，才能成功完成任務。比如記者的採訪即為一例，由於必須唐突地侵入他人的生活領域，連屬於相當隱私的問題也要想辦法報導出來，所以都要有個別巧妙的技巧。

例如，有位資深的採訪記者，他到東京採訪時，到高級住宅區和商業區的服裝就有差別，儘量配合對方生活環境的氣息和語氣都有所改變，並且極力強調和對方有共同的地盤或體驗，使對方感覺自己和他是屬於「同類」的人，假如對方說他住在中野地區，就回應道：「好巧，我有一位好朋友也住在中野。」或說：「以前我也在中野租房子住過一段時間。」等等去尋找出某些共同的部分出來，尤其若有共同認識的朋友，彼此立刻能相談甚歡，成爲一見如故的朋友。

像這般利用共同地盤來痲痺人類猜疑心的典型例子，即所謂騙徒的接近技巧，曾經轟動社會，出身一橋大學的詐欺罪犯，就是充分利用一橋大學的學歷來接近同校的學生。

更早以前發生過的「軍隊詐欺」，因此事件而受矚目的那位男士，也是對完全陌生的人說「嗨！戰友」，裝作彼此是昔日軍中伙伴。

這種共同地盤或共同體驗，稱得上是掌握對方心理之特效藥。

第4章

以「冷酷」為武器來掌握對方心理

以「反正……只是」冷淡對應，對方會產生反彈

如果有老師體罰學生，新聞報導在未確定事實之前，就將體罰學生的老師評斷爲「暴力教師」的例子不少。

但現在的校園暴力似乎已成了家常便飯，有些平常受到學生愛戴很溫和的老師，由於某個事件而體罰學生時，也被冠上「暴力教師」的頭銜，一旦被傳播媒體貼上「暴力教師」的標籤後，社會上對老師的印象會認爲像是喜好暴力的「暴徒」一般。

我們在評價他人時很容易像這般，以第三者所貼上之標籤，影響了自己對他人所產生的印象，這種情形在心理學上稱爲「標籤效果」。一旦被貼上標籤，想撕下來就很辛苦了，但將這種標籤效果之心理結構應用於給對方貼上標籤，讓對方產生心理上傷害的方法經常被拿來利用。

例如，在第二次世界大戰中，抓住爭論對方語病的把柄而指責其爲「不良份

子」，對方遂成爲不良份子。但戰後不久有了一百八十度的大轉變，被貼上標籤的固定文句轉變爲「保守反動勢力」，但無論如何，都發揮了傷害對方心理，強迫其沈默下來的效果。其實，若惡意利用這類標籤效果並不值得鼓勵，但若應用此原理來掌握對方心理爲方法值得嘗試。

社會上性格頑固無法接納他人意見的人不少，對應這類人時以正面攻擊的方法並沒有效果，若停止強硬的正面衝突說：「反正你也沒有辦法了解，我不再說了……。」或者說：「反正你一定會拒絕，我多說無益。」等等採取冷漠的態度，也就是給對方貼上「不可能說服」的標籤，但是一般人的心態是，被貼上標籤後會反射性地產生想撕下標籤的心理性反彈行動。

所以，被貼上「頑固份子」「不懂世故」標籤的人，會反駁爲「豈有此理」是可想而知的，爲了證明自己不是頑固份子或不懂世故的人，他不得不採取聆聽對方說話的態度。

當然，掌握對方心理的第一步是卸除對方的警戒心，讓對方能傾聽你的意見，爲達此目的，有時候必須反過來利用對方的反彈心理來抓住他的心。

為了打破與對方之間的僵局，將決定權交給對方

我有一位朋友，他自單身時代就誓言他是「大男人主義者」，他的觀念裡認爲，身爲男性就必須是一家之主，但結婚一段時間後再和他見面，意外地發現他完全是「太太至上」。原本信誓旦旦爲「大男人主義者」的他，爲什麼現在凡事「太太至上」呢？

透過他的談話發現，事情的變化不難想像是因爲他太太的心理術比他略勝一籌。過去有關於小孩的就學問題、購買房屋等所有問題都由太太和他商量，自認爲一家之主的他，當然任何事情都應由他來決定，但之後才發現所有事情都是以太太的主張來下結論的。其實有很多家庭的情況也都是如此。

他太太習慣的方式是「怎麼辦才好呢？你有沒有什麼辦法？」經常將問題丟給丈夫去解決，既然太太如此依賴自己，做丈夫的當然心花怒放，頗有成就感。

丈夫以爲是由自己去做最後的決斷，但沒有想到實際的狀況是，太太所有的主

張都全數通過。

由於如此，我才說他太太是數一數二的「心理學者」。當你的要求完全被拒絕，說服工作陷入僵局時，知道無論再說什麼都不可能說服對方，但對於自己的主張又不能讓步時，裝作「一切策略全權委託你解決」是很有效果的解決法。

將決定權委託對方去處理時，對方的自尊心獲得滿足，自以爲居於優位立場，亦即讓對方產生並非受操縱，而以爲能操控你一般的想法，但實際上是由你握著搖控裝置。

總而言之，就是採用「將所有決定權交給你了」的技巧，只要將過程處理好，那麼要誘導對方去接受自己最初擬好的提案就易如反掌了。

被授與決定權的對方是否還能想出更好的智慧出來已經無所謂了，因爲人一旦自尊心受到刺激產生了優越感，心會變得寬容。

趁此心態下提案說：「你認爲這個構想如何？」則原本難以溝通的對手會不知不覺軟化態度回答：「這也很可行哦！」

避免受反感之下想擊敗對方，談話中絕不可視為相投

我認識一位企業的老闆，當他覺得對方的話沒有興趣時，會突然拿起報紙，做出意興闌珊，很無奈地看報紙的動作，傳達出你所說的話比枯燥的新聞報導更無聊的訊息，大多數的人看到此情形會匆匆離去。但了解他習慣的我，就完全無視於他的動作繼續說我的話，於是在這當中，他又會將報紙放下開始聽我說話。我利用這種方式探知他目前最關心的是什麼事，然而他雖貴爲一位企業經營者，但爲了阻止對方說話而做出閱讀報紙的行爲也未免太過於失禮了。

當你想迴避自己不想聽的話，或者想讓自己厭煩的對方不再談論下去時，你會採取何種方式來處理呢？

如果認爲對方談得如此熱烈，在禮貌上不得不加以點頭示意的話，對方反而會受到你頷首態度的鼓勵，而說得更加眉飛色舞。或者你會在適當的時機看看錶、喝口茶，傳達給對方你不想再聽下去的訊息。

若對方能理解此訊息還好，但若他打算無論如何要把話說完才讓你離開，則只是這樣程度的訊息仍然不爲對方所動。此時你可能要採行較爲明顯露骨的拒絕態度，比如下意識不自覺的抖腿、藉口去上洗手間而站起來，或是沒有急事也裝作忙著打電話等等。

但這些方法與先前對應興高采烈談話的對方，而閱讀報紙的企業老闆行動沒有兩樣。其實沒有用如此露骨的方法也能讓對方感到無趣而停止，例如採行迴避視線的普通態度即可。

一般而言，交談時的禮貌應該是眼睛看著對方，視線相投表示彼此的關係平等。所以爲了打破此等關係而將視線挪開；對方會有默契地了解到彼此關係已被單方面的破壞，於是心理上產生動搖，開始介意對方的心態而不想再說話了。除此之外，以無奈的態度心不在焉地點頭，對方必然被迫中止談話。

其實，在交談當中看報紙或看錶，都是爲了躲避對方視線所採取的拒絕動作，但最好不要有這麼明顯的態度拒絕，以較普通而和緩的態度來對應，較不會引起對方的反彈而傷害了彼此的感情。

為使對方落入自己的圈套，「裝傻戰術」有效

歐美國家的人民在發生交通事故時絕對不先向對方道歉，因爲一旦表示道歉就被迫去承認自己有過失而必須負完全責任。因此，被認爲無論在任何狀況之下都裝傻到底，明白表示錯不在己。

裝傻而不承認自己有錯來擊敗對方的方法，對於那些不在乎或不合理去推卸責任的人，是很有效的手段。若是太輕易立刻承認自己的過錯，或許原本與自己沒有關係的失敗也被迫去背負責任，因此，以裝傻的嚴肅態度來反駁對方，是使對方落入自己圈套的作戰方法之一。

此時最重要的是不失冷靜，透過「講道理」來堅持自己的立場，尤其絕對不能說出像「那你到底要我怎麼做才好呢」等自暴自棄的語氣，太過於感情用事不僅無法讓對方落入自己的圈套；相反的，你反而會落入對方的圈套。表面上一直冷靜裝傻到底，讓對方產生衝擊，那麼勝負自然操縱在你手上。

我到東南亞旅行時曾目睹一位當地男孩，在竊取旅客財物時被當場逮捕，整個過程我一目瞭然。在治安不好的東南亞地區，這種偷竊事件並不足爲奇，但這位被當場逮捕的男孩表現出與衆不同的反應。

由於是在偷竊現場被逮捕，一般竊賊會求饒說：「對不起，我錯了！」但這位男孩卻流露出你們何必大驚小怪的表情，還露山不屑的笑容反駁道：「我有什麼錯，拿了財物就跑確實是不對，可是我仍然留在現場啊。」這句話是「惡人先告狀」的典型模式。

像這樣的歪理當然在任何一個國家都行不通，所以這位男孩立刻被送到警察局。只是他的歪理雖然沒有道理，但邏輯上說起來也沒有錯，以這種歪理辯駁反而打動逮捕到他的人之心，也不是沒有可能的事。

這也意謂著他充分明白「道歉」等於「承認自己的犯罪行爲」之公式，所以清楚認知到一點也不能讓步。由此可知，歪理偶爾也能派上用場而發揮效果。

封鎖部屬的資訊以確保自己的支配權

在許多道路施工的現場經常看到的現象是，從事工程的現場人員完全不知道該工程以怎樣的進度來進行；又在何時結束，每天只被指示當天應該要完成的工作內容。至於整個工程的進度表完全不得而知，這種情形可以推想得到是管理者企圖獨佔資訊來掌控部下。

有關這點，美國心理學家利比時和懷特兩位學者，進行過著名的領導力實驗，他們選擇童子軍為實驗對象，調查在專制主義領導者和民主主義領導者的領導之下，他們各自會採取什麼樣不同的態度來因應。

結果發現專制主義領導者的成員不以組織利益為優先，重視自我的利益，且與領導者關係越密切者，其現象越明顯。

例如，讓童子軍們進行用紙做面具的作業，專制主義領導者完全不告知此作業的目的為何，只是分別向每位成員配好拌漿糊或剪紙的工作；相對的，民主主義領導者預先就告知作業的目的，然後由他們自己商量來分配各自的工作。這個實驗的目的是想調查在資訊給與的方式不同之下，童子軍們對於領導者會採取何種態度，結果只提供極少部分資訊的專制主義領導者之成員們，產生了缺乏團隊精神，去討好領導者的現象。

由此實驗可知，想要維持自己在組織內領導力的地位，儘量封鎖住重要資訊，只提供少量資訊給成員們，但是就成員們的幹勁和工作效率而言，還是民主主義領導者的那一群高得多。

建立德川幕府三百年基礎的德川家康就是身體力行此一原理，他爲了統治民衆，在策略上指示各諸侯以「讓民衆依賴，不讓民衆知道」爲原則。讓民衆順從他的權力，但不提供資訊給他們，在此原則之下壓殺反德川的民衆，避免引起反動老百姓的起義。

據說德川家康已成爲上班族公認的經營學規範，有某位經營學者認爲在經濟不景氣的狀況下，德川家康尤其被另眼看待。

◆以「冷酷」為武器來掌握對方心理⑥◆

為了壓制對方的反抗心，該指責時不指責也是一法

誰都有過責罵小孩的經驗，以父母親的立場來說，要求已經有反抗心的小孩去反省也是很難。「不行哦，不遵守規矩怎麼行？」「已經警告你這麼多次了。」等等，一開始就說出責罵的話，當然會傷害到孩子的自尊心，孩子就越顯現出反抗的言行，但若父母親認爲「你的態度太過份了，好好反省一下」，又持續不停嘮嘮叨叨地說教。如此一來，只變成哪一方較有耐性的比賽而已，並不能期待這些責罵能獲得什麼效果。

廣受歡迎的電視時事評論家，曾獲直木獎的作家藤本義一先生曾有過這樣一段小故事。藤本先生規定女兒必須要在晚上十點以前回家，某天，女兒沒有遵守規定，超過時間才回家。

在玄關等待女兒的藤本太太一看到女兒當然劈頭斥責說：「無論有什麼理由，你趕快去向父親道歉。」女兒在有被嚴厲責罵的心理準備之下，以心不甘情不願的

態度來到父親面前等待訓戒，但據說藤本先生看到女兒只說了一句「傻瓜」後就走出房間了，女兒聽完這句話後深切地反省自己的過錯，從此不敢再違反門禁了。

一般而言，指責越強烈，對方的反抗心會越高漲，因父母親說得太多而產生反效果，急切督促其反省的言語，反而造成更強烈反抗的例子十有八九。有時甚至因此破壞了彼此相互的信賴關係，造成無法挽回的後果。

在這種已有準備反抗的情況之下，最重要的是必須採取轉移即將爆發之反抗能量，避免產生正面衝突，像藤本先生爲了壓制反抗心，只說了一句讓對方意料之外的話就發生效果了。

由於受到壓制，喪失了加以反抗的能量，繞了一圈後轉變爲反省自己之反省能量。由此可知，多辯對於掌握有反抗心之對手沒有效果。

以藤本先生的例子來看，由於藤本太太的斥責，女兒內心的反抗情緒升高，但藤本先生卻巧妙閃避了正面衝突，因爲落差太大才能產生如此的效果出來。

藤本夫婦倆可能事前並沒有先商量好，但想讓部屬或小孩反省時，刻意運用此法效果不錯。

故意挑撥說「你不會吧」來激發對方之意願

對於因不了解或討厭做某行爲之對方，無論如何勸說他「去做」都沒有效果，不僅如此，反而越使對方意氣用事地堅持「我絕對不去做」而已。此時若強制性讓對方去做，不可能獲得什麼好結果。人類心理的特性之一就是在遭受強迫時容易產生出反抗的心態來。

以小提琴的早期才藝敎育聞名世界的鈴木鎭一先生，他就是以挑撥性的言語激發不想練琴孩子的意願，鼓勵其學習，他對那些孩子說：「你可能是因爲做不到才不想練習的吧!?」經常會發現對於應該做的事偷懶不去做，或想積極去做的孩子們，面對這些孩子時不要對他們說：「你不喜歡這個工作嗎？」而以「要你去做這個工作太勉強了，你可能做不來。」的語氣，這樣的效果的確可以獲得比較好的效果，因爲聽到這句話的孩子，通常會有自發性的動作出來。

即使對方爲成年人，這種故意加以挑撥的心理術，也能發揮同等的效果，因爲成年人和小孩子在心理狀態上，其實並沒有很大的差別。

我在年底參加了朋友所主辦的歲末聯歡會，會中安排了猜拳比賽，獲勝者即贈送獎品的餘興節目。

規則是一開始先喊「石頭」再開始猜拳，但觀察參賽者中會發現一般人對於開始先喊「石頭」的規定，具有反抗心理而先出「布」的很多，表示像這類遊戲也反映出人類受到強迫性時，會產生反抗的心理狀態。

因此，要讓討厭做事的對方能夠自動自發，必須改變說服的方法，避免一味地以命令的口氣說話，試圖具挑撥性的說：「你不是不要做，根本就是不會做。」

「不要」這句話代表的只是對方喜好的問題而已，不會傷害到自尊心，但被指稱為「不會」，表示自己的能力遭到批判，自尊心受到傷害。自尊心受傷害的對方為了挽回傷害，被迫陷入無論如何都必須做給對方看的心理狀態。

就我本身的經驗而言，在具有相當知識水準且平常冷靜的人耳邊，以似有若無的聲音說道：「可能不會做吧！」此人立刻一反過去拒絕的態度，而積極著手去做的例子相當多。精通此術的尤其以週刊雜誌的記者最多。

◆以「冷酷」為武器來掌握對方心理⑧◆

對說著想死的人冷淡地回應「去死吧」，死的念頭會被放棄

某家報紙連載著名人士所述「我家之教育法」專欄。由於其內容與我的職業有關，所以我幾乎每篇都仔細閱讀，父母們對於棘手的子女教育問題所下的功夫，不僅讀來感覺有趣，內容也十分值得參考。其中最令我印象深刻的是已故棋將芹澤博文先生的家庭記載。

有一天，芹澤先生的兒子在學校受到老師嚴厲的指責，之後會在無意中說出「老師太可惡了，我要殺了他」的話。

聽到兒子的話後，芹澤先生對兒子說：「既然那麼憎恨他，那就去殺他好了。」然後又加上一句：「不過殺人者必須償命，那你轟轟烈烈死給大家看吧！」聽完父親的話以後，兒子從此不再說老師的壞話。

在輔導諮商的過程中，與此相似的例子時所有聞，例如，因受丈夫虐待前來接受離婚諮詢的妻子，其實心中還抱持著「其實不離婚比較好」「認爲自己已經死

了，什麼事都可以忍耐」的期待。但在聽到別人說出這些話時，會破口大罵自己的丈夫是多麼可惡的人。

如果出乎意料之外聽到的是「既然你丈夫那麼惡劣，還是儘早分開的好，那樣的男人太失顏面，離婚對你而言比較有利」。與當初的期待完全背道而馳的話，有些妻子反而會開始爲丈夫辯護說：「其實也沒有壞到這樣……。」從古到今，人類的心理都是一樣的，只要能夠洞悉人類的心理狀態，要去掌握已硬化之情結，就不是那麼困難了。

太過於執著自己想法的人，很容易採取和周遭共識相反的行動，越覺得自己意思與他人或社會常識相反的人，越容易建立防禦他人的壁壘而封閉心扉。各位可以想像爬上大樓頂樓大喊著：「我要跳樓自殺」的男子，或許他就是認爲自己的行爲不被周圍的人所接受而封閉了自我的心。

現實裡並不應該如此的，但若遇到這種場面時，對想跳樓自殺的人不必禁止，反而鼓勵他說：「知道了，你跳吧！」可能此人會打消了跳樓的念頭。

讓「理想主義者」了解理想與現實之間的落差

一般而言，當我們看到對方冠冕堂皇地鋪陳高遠的理想時，即使那並非自己所欣賞的，但卻也很難加以反對。以理想爲藉口而被要求時，不管內容是否滿意，卻常陷於不得不接受的狀況，這其中的心理狀態究竟是如何呢？

一九七〇年代引發嚴重風暴的學潮風波，部分領導者以理想爲口號，將不關心政治的學生逐一吸收到組織裡，最後成爲一個大集團。這些學生們面對以理論爲武裝的主張、高遠的理想時，找不到可以對抗的理論及反對的理由。加上理想包含了令年輕人熱血沸騰之不可思議的力量，所以那些學生被說服而加入大集團，形成了不可忽視的力量出來。

現實社會中，其實每個人都過著口是心非的生活，可說是將主張建立在理想之上，將理想視爲終極的目的，然而遇到現實時，只憑著理想是無法因應的，因此，我們在心理上學會了「蒙騙自己」的技巧。但要說欺騙可能有語弊，因此稱之爲將理想置換爲現實之做法，將兩者放在天秤上使其保持平衡，認爲「這樣剛剛好」而獲得自我滿足。

人之眞意是爲了要彌補理想與現實之落差，或許各位會認爲只靠眞意生活就好，爲何要有主張呢？但人類無論在任何狀況下，都朝向各種型態的理想爲目的而前進，也因如此才能進步，所以若放棄理想而生活，就某個角度來說，好比放棄了人生道路一般，因此只靠眞意過生活也很難，對於以理想爲口號的人，我們不知如何加以反對的最大理由，即在於其以理想爲終極目的。

遇到這種狀況時，可利用將理想回復爲主張，將眞心回復到現實的技巧，也就是想辦法要對方具體的說明其理想的方法。

例如說：「對不起，我的頭腦不太清楚，請你更具體的說明給我聽好嗎？」最後由你下結論說：「哦！總而言之就是……。」而拉回現實，結果，理想會逐漸微小化而褪色，往後便能朝有利於你的方向去發展。

不在乎的說「失敗了也無妨」來培養部屬的責任感

經常會看到很多上司在交待工作給部屬時，一開口就會加以警告說：「只准成功，不許失敗。」有時還會加上一句「如果失敗，一百萬圓獎金就不翼而飛了」來施加壓力。這種惟恐部屬失敗，加重自己責任的心情可以理解，然而這種做法只會使部屬更加退縮而已。

「不許失敗」這句話會讓部屬接收到「可能會失敗……」的負面暗示，反而成爲容易導致失敗的原因。上司這種態度會使部屬心中萌生「雖然授權給我，但並沒有將我視爲可獨當一面的人」之不信任感。

若情況更嚴重一點，部屬會認爲「反正上司根本不信任我」，一開始即以自暴自棄的無奈態度來處理事情，結果更容易導致失敗。

就這點來看，本田技術研究所所長本田宗一郎先生就相當了不起，本田先生經常掛在嘴邊的一句話就是「不要怕失敗。應該害怕的是因怕失敗，而什麼事都不做」。言下之意為新技術的開發必須冒很多的失敗才能達成，這也是必須自己本身開拓這條路的人，才能眞正體會到其中的含意。本田先生的話中，也同時包含了上司要防犯部屬失敗時該如何才好的答案。

假定某位部屬經常會犯很多的小失敗，想全面性交待任務給他時感到很擔心，對這樣的部屬更需要說：「失敗為成功之母，不要害怕失敗。」被交待任務的部屬聽到這句話絕不會覺得「既然這麼說了」而故意失敗。不僅不會如此，反而會認為既然自己受到信任而必須更發奮圖強，增加自己的責任感，而且錯誤也會減少，自發性地創造工作成績。

但唯一值得注意的是，相同的失敗犯二次以上就失去意義了，所以對於失敗的過程必須詳加檢討，作為下一次進步之參考經驗。最重要的是讓部屬們徹底貫徹此種想法，也如此才能深獲部屬的信賴。優秀的領導者懂得允許失敗，但不得犯下相同錯誤的哲學。

為保持團隊精神，可採集中攻擊部屬中之一人為手段

先設定某位代罪羔羊，以達殺雞儆猴之目的，藉此作爲說服對方之手段，這種方法在一般公司已成爲經常發生的家常便飯現象。例如，中間管理階層的主管最常利用此法來掌握部屬的心，亦即不直接注意犯錯的部屬，而去責備其他的屬下來使犯錯的本人產生覺悟，心理學上稱此爲「暗默強化法」。如果使用得當，會比直接指責想要指責的對方更具效果。

例如，當自己所管理部門的部屬整體氣氛鬆散，犯錯事件逐漸增多時，將犯錯的人一一叫來指責也不是一種好方法，而且有些人被責備後馬上會感到很沮喪，指責反而形成反效果。此時，先找一個人嚴厲地怒罵他，如此一來，使用代罪羔羊之暗默強化，能有效發揮機能。

又如在會議進行中鎖定某一部屬而強烈指責說「聲音太小了」或「別人發言時不要在底下說話」等等的芝麻小事，這也是找某個代罪羔羊，使其他部屬產生警戒

心的方法。

雖然成爲代罪羔羊的那位部屬很倒楣，但就其他部屬的心態而言，由於自己也有犯錯，所以也不能說與自己無關；慢慢的，部門裡會形成緊張的氣氛而有所警惕，工作上的錯誤也會越來越減少。加上在大家心中會產生「可能自己才應該是挨罵的對象」之「愧疚感」，形成一種不易抗拒上司的心理狀態，這樣的心理狀態對於在掌握部屬心理上是極爲有效的作用。

但是，這種代罪羔羊法要能發揮最大效果的先決條件是，被選定的對象必須與自己在心理上具有明確的優劣關係，因爲此種關係能遍及全體，團體之氣氛才能有所改善。

然而，可能的話，下班後帶那位「代罪羔羊」去喝一杯，將白天在公司所說的話忘記，工作歸工作，娛樂歸娛樂，公私之間明確區分，才能緊緊拴住「代罪羔羊」的心，類似這樣的後續動作，在任何狀況下都不可忽略。

為了要撤消申訴，故意誇大重視不重要的申訴

我從一位任職某乳製品廠商的學生那兒聽到一件很有趣的事，某一天，有位消費者氣急敗壞地跑到他們工廠，投訴他們所製造的奶粉中摻入了一隻活蒼蠅。

根據我那位學生的描述，奶粉在衛生管理上是屬重要的商品，爲了防止氧化，必須抽成眞空狀態後灌入氮氣再密封，所以百分之百不可能有蒼蠅在裡面存活。

由於如此，事件發生一定是屬於消費者本身的問題，所以，我那位學生認爲接受投訴的上司，一定會強調這點來向對方說明，然而沒想到上司的處理和他預想的南轅北轍。

情緒激動的消費者不斷指責公司方面的疏失，但聽完後的上司一開口便眉頭深鎖地回答：

「是這樣嗎?那問題就太嚴重了，如果是我們太大意使蒼蠅混入其中是一件重大問題，整個工廠的機械必須完全停工，所有的製造流程要全面檢討才行。」

我那位學生以為眞的要停止一切作業而感到大惑不解，但繼續聽以下的內容才明白上司的眞意。

「我們公司的奶粉罐是先抽成眞空狀態後灌入氮氣再密封，所以我們一直確信絕不會發生混入活蒼蠅的情形。現在我們將立刻嚴密調查，所以請您詳細說明您打開奶粉罐時的狀況，及開封後的保管狀態，以利我們的調查作業好嗎？」

被如此要求的對方並沒有料想到自己的申訴會發展到這麼嚴重，所以剎那間露出驚訝的表情，想到可能是自己保管有錯的樣子說：「哪裡，不用了，以後注意一點不要再發生就好了。」說完就急急忙忙告退了。

普通若自己這方面有充分對抗對方帶來之申訴的理由時，會想義正嚴詞地指出對方的錯誤，但是這種方法反而會傷害對方的感情，使對方的態度更為強硬，絕對不是一種有效的打擊法。

由以上例子可知，對於焦點問題刻意加以誇大重視，對方反而會對「事件」的嚴重化吃驚，原本抗議的矛尖會鈍化，不再銳利鋒芒。

利用拒絕的理由攻擊對方的方法

也有一種巧妙運用對方拒絕說「NO」之理由，來迫使對方不得不說「YES」狀況之高明技術，乍看之下，對方的表情好像很無奈，但其實是很樂意接受的。

化妝品的銷售就是利用這種心理技巧而獲得很大的效果，推銷化妝品的美容小姐們，初次做家庭拜訪時必定預先都有被拒絕的心理準備，而且也很清楚拒絕的話不外乎都是，「像那樣的化妝品我不用」等等，同時十分了解。如果激怒了易感情用事的婦女們，那接著就完全沒有辦法進行下去了。

因此，美容小姐們會回答：「當然了，我從一看到您的皮膚時就知道您並不需要化妝品。」幾乎沒有一位婦女聽到這句恭維話時不會被打動的，在他們回應：「可是夏季陽光的紫外線照射……。」的同時，表示他們的皮包也跟著話匣子打開了。

我有一位在雜誌社擔任編輯的好朋友，大家都知道他最擅於邀稿，無論多麼忙的作家都會接受邀約寫稿。我這位朋友並非能言善道的人，但他卻能說服拒絕說「現在太忙了……」的作家接受要求。

「當然，您的忙碌程度我十分了解，但因爲您忙，所以我才堅持請您接受，對於那些閒得無所事事的人，我們不會期待他們能有什麼有內容的作品出來。」他這種說服術無往不利，幾乎沒有不成功的。

一般而言，被認爲要讓擁有很多明確拒絕理由的對方加以接受，相當困難。例如，對方拒絕的理由令你不得不肯定得那麼明確，而且事前已淸楚知道時，在提出要求之前自己心裡已經感到很爲難了。

那類型的人心理上的防衛十分穩固，因此，若堅持「無論如何請務必接受」的態度，只會增強彼此的緊張感而已，要去說服成功可說是不可能的事，若要讓如此固若金湯的對方妥協只能採用這種反手法。

使對方急躁的戰法是說出對方的真心話

養樂多隊的總教練野村克也先生在當選手時代擔任捕手，據說他經常在重要戰局中，對站在打擊區的對方打者喃喃說些話而成功打敗強打者。有位全壘打王，家人和外界都公認是位愛妻愛家的男人，所以每次比賽必定會帶著妻子來觀戰。

當自己隊伍陷入危機時刻，野村先生會對那位全壘打王小聲的說：「你太太今天也來了，而從剛才開始一直在你太太旁邊顯得十分親密的男士是誰呢？」——此時，這位強打者回頭看了一眼貴賓席，臉上露出奇特的表情，但只是如此並沒有什麼影響力，野村先生的厲害之處還在後頭。

首先，他要自己隊上的投手投出的第一球為壞球，等自己將球投回給投手時又說：「喂，那兩個人又在笑了。」第二球投出也是壞球，打擊者沒有揮棒，一面將球傳回一面向打擊者說：「你太太可能在背地裡享受著什麼哦！」第三球投出為好球，但打擊者即使打擊出去也可能是界外球，然後又說：「看他們那麼親密，可能交往很密切了。」第四球擊出又是界外球，「聽說越漂亮的女人越有人會去誘惑追求。」第五球投出為壞球，「你是不是太冷落太太了？」第六球投出很明顯的是壞球，但打擊者卻揮捧落空，被判三振出局，那位強打者無奈地一面看著貴賓席，一面垂頭喪氣地走回休息區。

受到連續擊出界外球的影響，這位強打者等待著好球被投出，但可能聽到捕手野村先生不斷在耳邊喃喃自語的左右，對於比賽的精神集中力越來越低落，只想早一點結束賽程去調查愛妻身旁那位瀟灑男士的眞正身分。

在比賽中取勝的方法之一，就是去擾亂對方的平常心，「你怎麼這麼笨，經過這麼多年了還像個初學者。」一般像投直球般直接的話亦可，不過這種方式有可能反而會強化對方的敵愾心，因此，最好運用變化球的方式說：「你煙抽太多，恐怕不行了。」或者「最近你和你太太之間不和睦嗎？」等等與比賽沒有直接關係的話，斷斷續續說出批判對方生活周遭的內容，大多數的人不敢發怒，但也沒辦法摀住耳朵不聽，於是陷於進退兩難的困境，而在反覆的過程中，心情漸漸煩躁無法平靜，失去了集中力，終於禁不住表達出自己的眞意。

為了消除過度自信的對方之傲氣，讚美其競爭對方

很多在大企業擔任主管階級的人，其了解人類心理之微妙勝過專攻心理學的我。我曾經由某位具實力的某知名企業人事管理經理處，聽到以下這段小故事。

在他的部屬中，同齡的A君、B君因頭腦靈敏、反應快而被讚譽爲公司內之雙壁，A君和B君因良性競爭關係而相互比較，經常會提出連經理都感覺訝異之優秀企劃案。但最近，原本就自信滿滿的A君有過於自傲的傾向，使得其在公司內的人際關係有些摩擦。

據說這位經理爲了提醒A君不要太過自傲，想澆澆他冷水而說：「我很欣賞B君，我在宴會上和他談了很多，發現他相當用功，雖然你的構想也很特殊，但對於B君的企劃我常感到欽佩，他會有這麼不同凡響的構想，原因可能就是因他的好學所培養出來的。」

這也是應用先前所說的「暗默強化法」，我們人擁有看到競爭對手被讚美（明

確的正面強化）時，會有自己被間接性否定（暗默的負面強化）之心理傾向，這位經理的例子就是典型巧妙掌握人類心理之說服術，重點在於要讚美對方相當介意的點才具有意義，例如若讚美說：「B君很受女性的歡迎。」則對於以重視頭腦競爭的A君就沒有效果。

正確掌握住對方存在理由之最大特徵，例如，最擅長於此部門、因這點而受公司的賞識等等，刺激本人以此爲傲之基盤時，「暗默之強化」才能成爲有效的說服術。

相反的，有時表達得不夠恰當，此技巧會產生不好的作用，使競爭的雙方產生不和的結果。

以前面的例子而言，若向A君說：「B君說過你的頭腦在A^-程度，但他是A^+，你還是差他一截，所以他不在乎你。」此時A君必然對B君湧出敵愾心，如此一來，兩人不僅會發生摩擦，彼此健全的良性競爭關係也會消失，相互的感情用事，說不定就枉費了兩人的才能，這點必須特別留意才行。

故意激怒對方，對方會在無意間露出本性

人的情感一旦爆發，披蓋在心上的硬領會被吹走，人之本性會赤裸裸地呈現出來，由於如此，要某種程度對於對方操控自如並沒有那麼困難，要掌握對方的情緒時，只要了解到對方的本性，就可說已經成功了一半。

據說某位知名新聞採訪記者，要打聽中央情報局（ＣＩＡ）內口風甚嚴的情報員之情報時，其取材的秘訣是去激怒對方。

某電視台的製作單位，曾經想製作一個風格與衆不同的節目，策劃邀請一百名政治家上節目，在節目進行中要他們明白表示其意見，因爲過去完全沒有嘗試過這種方式，所以請我前去協助。

這個節目沒有彩排，現場立即轉播，節目中不斷對每位議員提出質詢，質詢的內容相當犀利，也提到許多敏感問題，每位議員間以屏風相隔，以互不相見之封閉式座位回答問題。

剛開始，議員們維持著國會答詢時的冷靜風格，但隨著主持人語調的加快及越來越犀利的質詢，有的議員開始顯得相當尷尬，結結巴巴不知如何回答，但無論情況如何皆不做任何處理，主持人依然以秒為單位繼續提出敏感問題，結果有位議員終於怒氣暴發說：「別開玩笑了，我怎麼能認眞地在這種節目中回答質詢呢？」說完憤而離席，攝影機也適時捕捉到他由攝影棚拂袖而去的背影。

有些觀衆可能會覺得這是意想不到的突發狀況，但其實是對方落入我們故意設計的圈套中之結果。一般的政治家在國會議場或記者面前正式表達的，只不過是形式上的見解罷了，想要那些議員們表達人性化的心聲，及想聽聽他們說出平常沒有機會說的政治家本意，也就是我們策劃此節目的目的。

但對於老奸巨滑的強硬派人士，若以一般的手法強迫他們說出眞心話，他們只會以迂迴戰術，四兩撥千金、閃爍其詞的含糊帶過，因此，對於那些平常被奉承阿諛慣的人，提出執傲能使其憤怒的質詢很有效。

我的戰法很成功，在國會慣以逃避態度的議員們，遇到對自身不利之連續質詢時會被激怒，吱唔其詞不知如何回答，終於暴發憤怒的情緒而離席。

「精神上的衝擊」不要一次爆發

曾經有兩位法官被揭發收受高爾夫球場經營者之賄賂，他們是在審查倒閉之高爾夫球場重建過程中，從中圖利而被檢舉，由於此經營者亦爲現任律師，所以此事件引起社會大衆高度的關切。

爲什麼法律專家們還那麼輕易挺而走險，採取違法的行爲呢？加上收賄者又是經常必須站在法庭評斷是非善惡，冷靜論斷價值立場的法官，大多數的人都不願承認自己眼睛所看到的事實，但這其中必然存在著巧妙設置的圈套。

實際上，饋贈賄賂的律師是巧妙運用了掌握人類心理結構之手法，例如在贈送高爾夫球球桿時說：「其實這是我用的『二手貨』，因爲我另外買了一套相同的球桿，送你二手貨眞不好意思，但請笑納。」很容易就收下了。

高爾夫球場已繞完一圈結束，結帳時說：「我是股東享有優惠。」等等的理由來招待他們，也就是強調不是賄賂，只是表達小小的誠意而贈送而已。

一般人在聽到對方說是二手貨時，即使是又新又高貴的物品也會輕易地自然接受，或者一開始接受了眞正便宜而普通的禮物，以後再接受純粹賄賂性的高價物品時，也不覺得有何重大意義。身爲法官應該比一般人對於違法之行爲更敏感才對，但卻如此輕易地掉落圈套，原因可說是完全受到人類心理常態作用的影響。

我當然不是鼓勵以受賄賂的行爲，但像這樣的心理術若運用在主張執言仗義的人，或想讓對方接受不想做的事時效果很大。

一開始就釋放出強大電流，當然會讓對方感受到強烈的衝擊，但起初放出微弱電流，然後逐漸加強電流，則衝擊就不會那麼強烈。

同樣的，先送小東西，慢慢送越來越貴重的禮物，則無論再接受什麼高貴禮品也不會感到此高貴禮品表達的重大意義。例如，經理若一夕間被貶職爲一般職員，大家一定覺得這個人事調動太過分，若先調爲課長，再降爲股長，一個階級一個階級調降，則其衝擊就不會太大。

第5章

假裝「善意」來掌握對方心理

讚美競爭對手意謂間接性指責部屬的缺點

曾經看過一本小說，內容是描述某位想讓部屬自動辭職的經理所引用的方法及過程。這位經理使用方法的特點，在於不直接對那位員工有所行動，但不斷在他面前讚美其競爭對手，讚美的內容並無限制，「辦公桌上的文件整理得有條不紊」等，連很小的問題都可拿來當作讚美的內容。

連續這種做法一段時間後，眼看著這位員工士氣越來越低落，工作效率明顯降低，犯的錯誤也層出不窮，不久，他自己本身也無法容忍而自動提出辭呈。這雖只是小說的題材，但這位經理很顯然巧妙利用了心理學上所謂之「暗默強化」。

記得小時候，當班上有同學犯錯被老師責罵時，我們會有「活該」的想法，同時也覺得「自己沒有做什麼會被罵的壞事」，而好像有被間接讚美般的心態，相信大家或多或少都有過這種體驗才對。像這種競爭對手被讚美或斥責時，自己也感覺被斥責或讚美的感覺就是「暗默強化」。

以前面那位經理的例子來說，在那位員工面前讚美其競爭對手，就達到指責那位員工相同的效果了。

在經理的立場，若直接指責對方員工，可能會使對方產生反彈或懷恨在心，但若利用「暗默強化」，在不傷害對方自尊心的情況下間接性獲得效果，也確實能產生心理上的效果，由於如此，對方會覺得「我不行了」而日漸消沈。

當然，為了避免各位產生誤解，在此我必須強調一點，就是「暗默強化」不應運用在陷害人的手段。

無論是子女教育或員工管理上，一般都是讚美較容易做，但指責時就很難，但若善於運用「暗默強化」之指責技巧，可以獲得預期上的效果。但是千萬注意不要使用過度，否則被視破企圖反而招致反效果。

◆假裝「善意」來掌握對方心理②

對於對方執傲的要求回答「我考慮考慮」來加以迴避

有一些議員們在面對抗議團體的訴求時，常會以「我考慮考慮」來平息抗議的聲浪，其實「我考慮考慮」這句話蘊藏著很微妙的意義。

聽到這句話的那方，會以爲自己所說的話已經傳達給對方而且也被接受了，但說者只不過是表示「你所說的我知道了」而已，其中的含意可能是「只是知道如此而已，並不表示我接受了」。

雖然這很容易被解釋爲只是巧妙運用措詞或言語上的技巧，但其實這種技巧經常能在事務的糾紛場面發揮極大的效力。

說「我考慮考慮」並不表示「ＯＫ」，但一般的常識認知上，「我考慮考慮」與「ＯＫ」被視爲同義字，所以在面對頑固強硬的抗議要求而不知該如何答覆時，可運用此種心理術。

就你本身立場是很困擾而不可能接受要求的，但對方意氣用事，情緒亢奮時並不覺得自己的要求有何過分，在這種情況之下想以道理來說服對方是不可能被接受的，只想儘快將彼此的對談告一個段落，讓他先離開。

若前面例子中的議員回答說：「知道了，知道了」，感覺太過於冷漠，說不定更會激怒對方產生反效果，所以當時最好回答：「我聽到了」或「你們所說的我已經明白了」，藉此避開對方的攻擊能量。

這種表達方式只是認定對方所提出之抗議，及要求內容「聽到了」、「明白了」之事實而已。但完全沒有提到結果及處理方式，亦即所回答的語句並不意謂「認定」或「了解」對方之主張，但預想答案而有心理準備的對方，對於「你們這種要求我聽到了」易錯覺爲「瞭解了」。

然而還是應該讓對方儘情說完他們的要求，幾次反覆問答之後再表達「聽到了」，這又比一開始就機械性地回答「聽到了」的效果在心理上大得多。

公開表示自己的「不利」讓對方「辯解」並非不利

假定你深夜微醺回到家，太太接過你的上衣看到衣領時叫道「唉呀！口紅印」，此時你該如何處理呢？若慌張地辯解「不是，是……那個……」，就好像自己招供說有外遇一般，即使回答「可能是坐車時被人沾到的吧」裝作沒事一樣，也無法避免往後一個小時要受到太太的追問而陷入苦境。

正確的解決辦法是微笑地回答：「對，我有外遇了，因爲我廣受女性同胞的青睞。」一般做妻子的聽到丈夫這麼大方公開承認有外遇時，都不會盲目的相信，反而會懷疑「我丈夫不可能有外遇的」。這是我一位莫逆之交傳授給我他的親身實踐方法。

以人類心理的角度來思考，這絕對不是虛假的，因爲我們一般人通常不會說出對自己不利的事情出來，所以當聽到對方說出積極認定使自己陷於不利的話時，必定會產生「懷疑的心理」狀態。因此，若丈夫承認「我有外遇了」，太太反而會替丈夫找出「我才不相信……，可能是坐車時被沾到的吧！」各種理由，積極地爲丈夫辯解。

此外，當我們聽到對方提出對自己不利之事實時，也同樣地出現爲他提出相反解釋之心理傾向，例如某位花了好幾億圓建造豪邸的人說：「其實我建這棟房屋全部靠貸款，現在每天只能吃茶泡飯。」

的確，在現今社會中沒有向「住宅專案」貸款的話，不可能建造幾億圓的豪邸，但聽到本人如此坦誠地表白，會覺得「不可能全部都貸款吧」，而認爲「即使只貸頭期款，但能建此豪邸，此人必定也是家財萬貫」。而在心中佩服著此人，自己將「每天吃茶泡飯」的事實完全抹殺了。

以下介紹一則利用此心理術詐騙的例子，一位企圖詐騙巨款的騙徒開了一輛賓士轎車到對方家中，對即將去銀行領錢的對方說：「我負債累累，沒有地方調頭寸，連這台賓士車的汽油費都付不出來了……。」而開口借錢，對方認爲「如果眞的負債應該不敢承認，也不可能開賓士車」。結果歹徒順利詐騙了巨款逃之夭夭。

表示同情和理解，對方容易顯露出真意

近年來據說妻子在丈夫年老退休後要求離婚的案件激增，受糟糠之妻背叛的丈夫，乍聽之下猶如晴天霹靂般茫然失措，不知如何面對，這些男人眞是太悲哀了。但是站在妻子的立場而言，想離婚的念頭並非一兩天的事，而是結婚三十年來一直蘊釀的，所以不要以爲妻子是與自己同心一體而感到安心。做丈夫的被指責不理解妻子的心是不對的，因此越來越沒有立場說話。

跟這種情況是一樣的，你以爲自己很熟知對方的立場，但很多時候其實是完全不了解，等到對方強烈反抗才明白對方的心時，已經後悔莫及了。因此，只一味地指責對方的背叛，事態絕不會有所轉圜，我這種說法聽起來可能太殘酷，但此時只會指責對方反而會被批評，好像更加證明自己的無能而百口莫辯。

我們常聽說每個人都是戴著假面具在生活的。代表人格、性格的「個性（Personality）」，這句話典故源於「Persona」（面具），所以即使並非刻意有欺

騙人的惡意，但沒有脫下面具仍無法看到眞面孔，換句話說，眞意很難讓他人輕易看到。因此，住在同一屋簷下三十年的夫妻，也不易顯露眞心並不足爲奇，像這類型的夫妻檔，近年來被冠以「面具夫婦」的稱號。

我們回到主題來思考，當對方不想明確顯露出眞意時該如何加以引導呢?方法之一就是運用深層面談技巧，表示理解或同情對方。

例如，面對心中受到某種傷害，但不願表達出來的患者說：「如果我是你，我也會和你一樣採取相同的行動。」或「我了解你的處境」，多半患者在聽到這些話後，會很坦誠表白內心的眞意。

一般而言，越有能力的人越能讓對方說出眞心話，同時因爲了解對方的眞意，所以能輕易掌控對方。但無論如何，只要對方不願敞開心扉就無濟於事，不僅如此，對方反而會更加防衛自己而將眞意隱藏得越緊。

總而言之，同情與理解等的「善意」，爲開啓對方心鎖之鑰!

雖是拒絕，但報告、連絡要頻繁

優秀上班族所必須具備的條件之一爲「善於拒絕的技巧」，其實拒絕比訂契約或銷售商品等之「行銷」業務更困難。

要拒絕平常與自己沒有利害關係瓜葛的對方是很容易的事，但若對方是重要的交易對象或顧客，在避免傷害彼此感情之下，應儘量表示接受對方的要求，然後再慢慢加以拒絕。

比如已明白知道絕不可能接受對方的條件，但起初先說：「我知道了，一定會盡最大的努力。」讓對方安心，之後頻繁打電話向對方報告說：「我回到公司時剛好課長外出，一遇到課長我會立刻向他提起你的要求。」或說：「我已轉達給課長，他答應下次會議時會提出來檢討協商。」等等的聯絡動作，表示自己相當重視對方的委託。

實際上，在公司內絕對不會被理睬的問題，只要與對方保持密切聯繫，對方不會不信任的。

讓人最感到不安的是資訊不足的情況，自己所要求的事項在之後經過如何被處理呢？這種很想要去了解的情形可能大家都有經驗過，在經過幾天音訊渺茫的日子後，對方很容易產生不安感而開始不信任了。

相反的，頻繁接收到資訊時會讓對方有一體感，不久信任感油然而生，例如日本滋賀縣某市之市公所就設置「意見服務課」，建立與市民們的資訊溝通管道。

改變了上意下達的市公所資訊傳達系統後，在解答市民們不滿或疑問的同時，也不斷積極地公開有關市政的資訊，市長與市府幹部們將市長室開放給市民，與民衆進行交流，不久之後，這位市長被推選爲縣長候選人，受到市民們廣大的支持與擁戴，他就是被認爲是掌握聯合在野黨報的先驅代表武村正義先生。

結果，假定是拒絕了。但告知由於在今天會議提出討論但未獲結論，所以延到下次再討論，對方會覺得「替我爭取到這種程度，眞的太感謝了」。而肯定對方的努力，最後自動放棄自己的要求。我們自己也是一樣，對自己也能預測到的結果若仍頻繁接收到報告，心中會感覺安定而產生信任對方的心理傾向。

◆假裝「善意」來掌握對方心理⑥◆

先肯定對方的主張，對方會以好感接受你

婦女們面對惡劣的產品推銷員到家中拜訪時，警戒心是一刻也不放鬆的，然而雖然如此，還是不斷發生很多最後被說服而購買了粗俗品的例子，其中原因爲何呢？我一直感到納悶而想去探究原委，在一次偶然的機會裡聽到一位曾經上過當的主婦之經驗。

那位主婦說，那些推銷員絕對不會強調他們的產品完美無缺，因爲如果主張自己公司的產品很優良，遭到客戶追究證據時無法提供讓對方能夠接受的滿意答案，那時再結結巴巴說明時，客戶的警戒心也隨之強化。但那些粗俗品的推銷員們，看到客戶以疑慮的眼光提出疑問時，並不加以答覆卻說：「難怪夫人您會有疑慮，但請您以受騙的心態去使用看看。」

自己的主張如此明確被接納時，原本的「疑心」被化解，結果同意了推銷員的話，那些主婦們買下了所推銷的粗俗品。也許各位覺得自己才不會被那麼幼稚的手

法所蒙騙，但這的確是善用人類心理弱點的推銷技術。

首先，因爲自己的主張被接受，所以多半的人會產生信賴感而安心，同時因主張被肯定而錯覺爲自己疑慮完全消失，肯定你的疑慮和你懷疑的事實並不相同，但令人困惑的心態是「既然對方認同我的疑慮，應該是不可能欺騙我才對。」

當對方產生不信任或不高興時，善用此「前置技巧」反而會以好感來接納你。以下是我參加某次座談會時發生的事，在那場合裡有多位著名的評論家及學者，有位婦人起身發言，她一開口先說：

「我是外行人，可能不應該說這些……。」

但她說出來的內容卻不像外行人的見解，我覺得她可能會提出獨特的意見而津津有味地聆聽，結果發現內容相當充實。

那些在場的專家們很容易陷入那位婦人的心理術，那位婦人將專家們的不信任感以「理所當然」的心態去肯定，因而巧妙說服了那些專家。

信守小約定，對方會相信「此人值得信靠」

曾經發生過一位中年女子向認識的主婦和商店老闆處借了好幾億圓，來開設地下錢莊而被逮捕的事件，這雖是屬於一種詐騙行為，但一位沒有資產及社會地位的女性，為什麼能募集幾億圓的巨款呢？

這位女子的手法為，首先約定利率極高的利息來融資，強調並非借款，而是去投資，這說法很高明，但之後的心理作戰更厲害，因為開始時的借款金額約只有少額的五萬圓至十萬圓，大家都不會有所警戒，即使被欺騙了也還在能承受的範圍，但此時約定十天利率百分之十的高利息之小額融資，利息都如期支付，這種循環模式反覆幾次後，對方的警戒心越來越鬆懈，金額卻由原本的十萬圓增高到一百萬圓、二百萬圓，然而到此時仍然按期繳付利息。

當然，這位女子並沒有那麼多的存款，都是向他人借款來周轉，不久之後，利息無法繳付遂消失無蹤。

這位女子確實利用了人類心理的弱點來騙取信用，信守小約定讓剛開始認爲不太可靠而有警戒心的對手最後信賴她，就是人類心理上的陷阱。例如，即使借十圓或二十圓的電話費，也放入信封袋內返還，對方一定認爲如此微小的事也規矩地遵守諾言，此人的信用値得信賴。還十萬圓的借款被視爲當然，但借十圓的小錢也歸還，就可說是極有誠意的善良人。

像這樣的誠意能如此被誇張解釋的，尤其是在極常見的小小約定或寒暄，例如能確實遵守酒宴中之承諾者，是可獲得高評價之誠實人，因爲一般在酒宴中的約定被認爲是喝醉了才會如此侃侃而談，聽者也不認爲會實現，所以，即使爽約也不會遭到他人的指責，但若能加以信守約定，會給人產生「他在任何場合下所約定之事必能遵守」的印象，對其評價也更高。

據說業績競爭激烈的製藥廠商中，越優秀的業務員在與醫師們應酬時，越會以半開玩笑的口吻承諾一些小約定，而無論多麼微不足道的事，日後必定會實行，他們的成功也是這樣日積月累所造就的結果。

讚美中加上一句指責對方缺點的話，奉承會更具真實感

任何人本能上都了解事情有正面和負面，以公正客觀的角度來觀察事物時，都能知道不會絕對屬於正面的，反過來說，認為不僅存在正面資訊，同時也包含負面的資訊，才足以令人採信。百貨公司經常舉行瑕疵品的大拍賣，這種做法不僅不會有損商品品質的形象，反而讓消費者產生其商品的品質是確實優秀的印象，因此，爭先恐後前來採購的人群絡繹不絕。

在人際關係上也是一樣，只單方面讚美的奉承話很不眞實，例如，若在介紹某人時順便說：「此人雖然有××缺點。」能更公道的表現出對此人的評價。

像有些熟諳心理術的企業評論家，無論對那位財經界人士都會寫出辛辣的負面指摘，以提高人物與社會評論的信賴度，他所評論過經營者及企業，在社會上都會提升知名度。

我在為學生寫評語時必然會將小缺點一併記上，因我知道百分之百讚美語的可

信度極爲薄弱，所以會再寫「太過於認眞而……」等等不是缺點的缺點。

另外一個例子，是在美國廣告業界頗爲轟動的戰略，也就是艾比斯租車公司的「NO・2宣言」。他們對外宣言在所有租車公司領域裡，艾比斯公司屬於後勁企業，其他先發公司已在租車界市場擁有了絕大佔有率，至於市場佔有率能再侵入到何種程度就是艾比斯公司的一大挑戰了，以此爲宣言展開了廣大的宣傳戰，推翻了傳統的廣告模式。

爲了追求最高地位而加以挑戰的公司，都會強調我們才是「最好的」。但艾比斯公司並非採取這種策略，而表示「老實說，本公司只是NO・2」，訴求「我們竭誠服務」的理念。

結果艾比斯公司的宣傳戰成功奏效，市場佔有率不斷地竄升。

爲什麼這種方式能夠成功呢？理由就在於坦白說出公司不想說的負面資訊，讓消費者產生宣傳本身具有眞實性之誠實印象，在現代普遍欺騙或虛張聲勢的社會裡，不失新鮮和刺激。

為了表現「善意」，在話中加入自己的負面資訊

曾經發生一位醫師爲了想讓兒子透過非正式管道進入明星學校就讀，而被歹徒騙取了巨額存款的事件，那位騙徒利用了各種的手段來贏得這位醫生的信任，而最後的關鍵點是他說：「如果要進Ａ大學我可能沒有辦法，但Ｂ大學是絕對有把握的。」被害的醫生聽到這句話就完全信任對方了。

憑著三寸不爛之舌詐騙的歹徒們，相當清楚人類心理的弱點和盲點，因此很容易趁虛而入。就這部分而言，這些騙徒們可說是心理學專家，也因此在本書頻頻出現詐騙的例子。

例如，他們絕不會採用一五一十全盤說出「甜言蜜語」的行動，因爲大家都知道過於好聽的話易使對方產生警戒心。而深知這種心理術的騙徒所運用的技巧，是在話中添加一些有關於自己的負面資訊。

本例中的騙徒先說「要進Ａ大學我可能沒辦法」，故意表現自己的弱點。一般

人都會習慣去掩飾對自己不利的訊息；利用這種心理背景，故意表達出不利於自己的訊息，反而讓人產生誠實的印象。由於如此，對於此人所提供的訊資也相信是正確無誤的。

在我周遭也有很多例子是運用與此相似的技巧。例如某新聞記者就說，寫人物評論專欄時不要只讚美對方，也加上一些尖銳的評語，若從頭到尾都只使用「潔癖」「溫文敦厚」的詞句來表達，整篇記載就失去了眞實性。所以最好加上「回到家唯一的嗜好就是變成懶散的丈夫」等等，聽起來好像缺點的訊息。如此所介紹的人物才會湧出人性，獲得讀者的共鳴而發揮強大說服力。

這種技巧也可用在奉承對方時，若說出令人感覺肉麻的話，一般只會讓人認爲「口是心非」而已，但若故意加上不是缺點的小缺點會更接近人性。

強調他人的缺點可掩飾自己的缺點

當自己被所信賴的人欺騙時，一定會無法相信地自言自語，「我不相信，這麼善良的人怎麼會騙我呢？……」

但我卻認爲，能讓受騙的對方說出「我不相信」這句話，就是騙徒高明之處。欺騙的手法不勝枚舉，其中之一代表例子就是徹底將自己例外化，來欺騙對方某人有多壞的方法，最平常的就是在不明究裡之下，找到現在最受人詬病之不道德的不動產仲介公司。

他們在銷售偷工減料的房屋時，必定會對客戶說：「近來有許多不肖不動產業者將偷工減料的房屋，利用花言巧語以高級住宅出售，有此不肖同業令我們感到汗顏。」也同樣將偷工減料的房屋當作高級住宅來銷售。

聽到這句話的人，多半會產生同情心而去買他們的房屋，以爲只有自己沒有受到不道德仲介公司的欺騙，慶幸自己沒有買到瑕疵屋而安心。然而才過了幾天便後悔莫及懊惱的說：「我不相信這家仲介公司會騙我。」

一般而言，受騙的一方都是好人，是非善惡的區別很清楚，但這也是容易掉入陷阱的原因之一，因爲好人的是非善惡標準單純，以爲會揭露他人缺點的人就是好人，這眞是令人匪夷所思的邏輯。

但是，騙徒們會利用「如果是壞人，不會積極地去揭露壞人的手法來引發對自己不利之後果，所以此人必爲好人。」之「好人心理」的盲點。因此，根本不須強調自己是好人就已具有說服力了，只要強調他人的缺點，對方會在無意識中把這些人例外化而認爲是好人，如此一來，要去欺騙對方就易如反掌了。

這與推理偵探小說上所描述之刑警即爲眞兇的形式類似，世間事難料，以爲是自己好朋友的人，原來卻是敵人的事經常會出現，例如，有些產品上貼著「小心仿冒品」，其實本身產品就是仿冒品；或者以爲是自己心腹的部屬卻是競爭對手的卧底人物。俗話說得好：「害人之心不可有，防人之心不可無。」否則太單純地相信對方，最後反招致無法挽回的後果。

◆假裝「善意」來掌握對方心理⑪

「信守承諾的人」是由多次遵守小約定所致

人的信用究竟是如何造就的呢?我以下介紹能令人引以爲戒的反面例子。與前面所描述的騙徒一樣，其中一種手法就是不付錢騙取商品的方法。

的確，我們很容易被專業騙徒不可思議之手法所騙而成爲被害者，但卻又防不勝防，不足爲奇了。

首先，他爲了贏得你的信賴提出現金交易的買賣條件，每次購買商品必定付現。由於是小額商品，所以支付一些現金對他們而言不會造成太大的負擔，不僅如此，這些小額投資會爲將來帶來幾億圓之價值，所以投資報酬率可說是相當高的。

像這樣每次購買商品都以現金交易，表示此人是誠實可靠的商人，這種情形持續一年後，自然開始對此人的信用持肯定的態度，但此時他仍不會露出狐狸尾巴。

接下來的階段，購買商品的金額越來越大，所以提出半付現金半付支票的交易條件，你可能會信用一向以現金交易的對方而同意其所要求的條件。

當然，一次、二次到期日都如期兌現，現金直接匯入你的銀行帳戶裡，到此時期，你必然完全信任對方，但卻沒有注意到在這兩年期間，買賣額由最初的一百萬圓提高到一億圓，而他則一切「準備」就緒。

到此情況也就是對方要開始回收投資的時期了，他向你購買二億圓的商品，但提出以支票付款的條件，你此時必然也會同意，因此最後的結果是得到一張紙，對方騙走了你二億圓的商品。

發現支票跳票的你，必定臉色鐵青地拼命尋找對方的下落，到對方的公寓時發覺已人去樓空。

以這種採取長期戰略慢慢一步一步攻略下來的情形，一般人很輕易會受騙上當落入其圈套，這可說是專業騙徒的高明術，也可見他們誠實的演技有多好，比看電視連續劇更精彩。也由於如此，請引以爲戒。

◆假裝「善意」來掌握對方心理之心理⑫

利用「他人」之意見讓對方在不覺中顯現真意

對方的心裡在想什麼？爲何煩惱？追求什麼呢？等等，若能了解到對方的眞意，在與對方的人際關係上能使你能高幾倍站在有利的立場，同時如果對方並不知道自己的眞意已被你所掌握，則有利於你的立場會更強。

但是，人人在社會的利害關係中生存，很難會表露出自己的眞意，那麼該如何去了解探知對方的眞意呢？

爲達目的的一種方式是營造對方心中所想的，能間接投射在某些對象的狀況出來，在乍看之下和對方之眞意沒有任何關係的言行舉止中解讀其眞意。

例如，心理測驗中的一項稱投射法（Projective・Method）的技巧，這種方法是給對方因看法不同，解釋各不相同之曖昧含糊的主題，依據對方之解釋來了解其深層心理。

例如，測驗兒童的TAT（主題理解測驗，Thematic Apperception Test）測

驗，在一張紙上畫幾隻在舞台上接受鼓掌喝采的粟鼠，以及在台下拍手被冷落的粟鼠，一面給孩子看一面問：「畫中的主角是小黑，哪一隻是小黑呢？」藉由孩子回答的答案就能推測孩子所面臨的問題或現況，若孩子回答被冷落的粟鼠是主角時，小孩的現況就很容易想像出來了。

在日常生活上我常會看到幾個人聚在一起，看了某個人的方向後又回過頭開始悄悄說話，被害妄想強的人會認爲那群人是在批評自己；但優越感強的人會認爲自己正在被讚美，亦即我們常在無意識中，由自己的心理狀態和深層心理加以投射下解釋事象。

即使利用這種心理投射，很難直接探知對方之眞意，但所談的主題卻能在不讓對方發覺之下了解其在想什麼。

具體的手法爲對想知道的主題不問對方本人的意見，而以他人的意見去問對方，由於並非問自己的意見，所以能輕鬆自然的回答，而其答案間接投射出他本身的想法，若瞭解了此眞意，要掌握對方之心情就輕而易舉了。

要讓對方接受不易接受之要求時，利用「傍晚」時刻有效

通常都認爲女性容易受氣氛所影響，也容易鬧情緒，的確，若在可眺望美麗夜景的高樓窗邊座位，聽到鄰座男士愛的表達，即使並不很喜歡對方也很容易令女性接受，在有充分想像的情形之下被帶到豪華餐廳或酒吧時，女性也會沈醉在其氣氛中。

其實，容易受氣氛影響的並不限於女性，例如在下雨天，無論男女都會感覺較暗淡，相反的，多半的人會有想在晴空萬里的秋天去做一些運動。形成氣氛的要因包括時間、場所等各種要素，但天候和時刻又是重要因素，但意想不到的是，對此情形漠不關心的也大有人在。

例如，使世界陷入恐怖深淵的政治家希特勒，可說是令大衆沈醉於氣氛中的天才，最有名的是他會故意選在晴天的黃昏時刻舉行演講。氣氛剛好由陽轉爲陰的黃昏時刻，此時聽到具魄力、震撼的美辭麗句之演講，任何人會降低其批判力而陶醉

於演說中。

以此角度來看，在雨夜想要打動對方的心並非合適的時機，因爲下雨時，人的活動力水平會下降很多，大家都不想外出，有些人甚至會有憂鬱的傾向，也有人會感到身體沈重。

對於受這些氣氛所支配的人，想要使他們採取行動，可能很難發揮效果，所以還是等天氣晴朗，心情愉快時再嘗試較好。

相反的，若在下雨的夜晚提出分手的要求較容易被接受，而女性與男性比較起來，又特別容易受天候等自然條件所營造出來之氣氛所影響。

也許是雨天所蘊藏之沈靜氣氛降低了，對難以接受的分手話題之抵抗感，原本極具衝擊性的現實感被雨所包圍，令自己覺得好像是愛情悲劇中的女主角一般，在非現實感下不知不覺就接受了分手的要求。

安慰對方之辛勞，則勉強的要求也不易被拒絕

多數人共同工作時必定會有一些摩擦，此時最重要的，首先是要站在對方的立場去思考。有一家著手開發新產品的精密機械廠就發生了以下的事件。

那家機械廠將新產品的樣品發包給承包業者去生產，結果交貨期到時，業者帶著半成品前來廠內，確認是否能按此半成品的品質來量產。品檢結果發現其半成品與原先預定的樣品有很大的差距，無法按此量產，必須還要做大幅度的修改，但交貨期又很緊迫了。

總公司的總經理，急切地要求業者無論如何都要再重做，但是業者露出不滿的表情說：「都是照貴公司的指示設計圖做出來的呀！」於是雙方僵持不下，氣氛極爲尷尬，這也是很多工作場合常會發生的糾紛。

此時剛好公司廠長走過來對業者說：「其實，我在設計階段也不知道做到成品之後會是怎麼樣的情形，新產品沒有實際做過，不了解的地方還很多，所以坦白

說，您的工廠能將此新商品做到如此的程度了，才發現這些問題點，爲了往後彼此能互有利益，我想還是做成最完美能出售的產品，所以拜託您再努力試試看好嗎？」承包業者聽完這番話後說：「說得也是，我拿回去再努力試看看。」心情愉快的離開了。

已接近交貨期了再被要求重做，對業者而言是很難接受的，此時若仍以「承包業者不要那麼神氣好嗎？」的高姿態來要求「重做」，結果只會傷害彼此感情而已。

不僅只是像這家精密機械廠的例子如此，在想要委託對方接受難以接受的要求時，只訴說自己之困境如何並無法打動對方的心，因此，必須先站在對方的立場慰勞其所付出的辛勞最重要。

就對方而言，最難接受的是覺得自己以往努力的結果完全徒勞無功，所以先強調由於對方的努力才能做到現在程度的結果，是很辛苦且值得肯定的。

「閃爍其詞」的戰法是逃避對方嚴厲追問的有力武器

根據警局搜查一課某位幹練刑警的說法，在事件調查過程中口氣急速，而滔滔不絕說出與事件沒有直接關係的嫌疑犯，有百分之八十就是眞正的兇手，這好比有外遇的丈夫，某天回家後改變以往的態度和太太溫柔體貼說話，或者絞盡腦汁說出一些無趣的笑話之傾向完全相同。

就像這般的，一個人說話的口氣速度成爲洞察對方心理之重要關鍵，當心中擁有強烈愧疚感或不安感時，不知不覺會加快說話的速度或變得多辯，是人類自然的心理反應。由於如此，人類才會在潛意識中想排除恐懼和不安感，說出很多與目前恐懼不安毫無關係的話題，想轉移對方的關心，避免被察覺自己內心的動搖而拼命努力。

但很諷刺的是，雖然這麼努力卻反而成爲一種線索，讓對方產生懷疑來繼續追蹤線索的情形層出不窮。最能熟知此種人類心理法則而用心對應的代表人物，爲日本前首相大平正芳先生，他最著名的即是以「嗯！啊！」來搪塞，或「不顯露自己的內心，不讓對方有追蹤的線索」之防禦，而這也發揮了絕妙的效果。

衆所周知，在野黨議員開始嚴厲追問質詢時，大平首相便像軟骨動物般反覆閃爍其詞，也在不知不覺中閃避了追問的情勢，就是其慣用的手法。從旁觀者立場，對於可能是無可逃避之尖銳質詢時，要從如鈍牛一般的談話中了解大平首相內心的動搖，可說是摸不著頭緒。

大體上有「嗯！啊！」之發音時，問答之間自然而然浪費了很多時間，所以無法期待有白熱化的議論，想要趁虛而入抓其把柄大噬攻擊，對方卻仍不說出多餘的話也是無濟於事，以無奈和煩躁的表情，束手無策離開質詢台上的在野黨很多。但據說大平首相在親朋好友面前說話乾脆，絕對不會「嗯嗯啊啊」的。

事實上，將大平先生在國會的答辯詞中去除「嗯！啊！」的話，他所說出來的理論都能整理成井然有序的文章。

避免自己的惡行遭到揭露，故意說出對方「不想聽的訊息」

我認識一位大學研究生，他因朋友的戀愛問題感到苦惱，他的朋友是將近三十歲的人，一面任教補習班，一方面準備司法官的考試，畢業於某著名私立大學法學系，是一位相當認眞刻苦的青年，夢想有朝一日成爲一名律師。

但這位認眞的青年，某日到大學研究室找我那位朋友時，對他研究室內的一名女職員一見鍾情，我所認識的那位研究生朋友不得不擔任起「穿針引線」的角色，但一探那位女職員的背景才發覺那女孩已經訂婚，所以青年已沒有機會了，研究生以同情的心情將此事實告知此青年，但其熱切愛慕之心卻無法冷卻下來。

勤寫情書託研究生轉交，又常贈送其高貴的禮物，深感困擾的女職員向研究生埋怨道：「他如此對我令我很苦惱且困惑。」研究生也幾次將此狀況傳達給那青年，但他卻回答：「豈有此理，我不相信。」而鍥而不舍，最後反而認爲是研究生的傳話不可靠。

這位青年所表現出來的心態，在心理學上與所謂的「認知性不協調」有關係，亦即不願接受對自己不利之資訊的心理作用。當我們聽到對自己生活有嚴重壞影響的資訊時，往往產生強烈「不要去相信這種資訊」的心態，這種心態越高，對資訊的信憑性就越懷疑。

我有位莫逆之交的朋友，是最善於利用此種心理結構的，他在學生時代就是鼎鼎有名的花花公子，到結婚後仍不改其愛玩的心，他曾公開說「自己喜歡拈花惹草」，不僅在朋友之間如此說，對他的妻子也冠冕堂皇地報告外遇事件，同時自己又加油添醋，對實際體驗做更誇張精彩的描述。

對他的妻子而言，丈夫的外遇事件應該是會使生活基礎產生動搖的最壞資訊，普通，「認知性不協調」的心理也常存在，何況又是被潤飾過的資訊，而由本人說出來，做太太的反而更不相信了。

大展出版社有限公司　圖書目錄

地址：台北市北投區(石牌)　電話：(02)28236031
致遠一路二段12巷1號　28236033
郵撥：0166955～1　傳真：(02)28272069

・法律專欄連載・電腦編號 58

台大法學院　法律學系／策劃
法律服務社／編著

1. 別讓您的權利睡著了 1　200 元
2. 別讓您的權利睡著了 2　200 元

・秘傳占卜系列・電腦編號 14

1. 手相術	淺野八郎著	180 元
2. 人相術	淺野八郎著	180 元
3. 西洋占星術	淺野八郎著	180 元
4. 中國神奇占卜	淺野八郎著	150 元
5. 夢判斷	淺野八郎著	150 元
6. 前世、來世占卜	淺野八郎著	150 元
7. 法國式血型學	淺野八郎著	150 元
8. 靈感、符咒學	淺野八郎著	150 元
9. 紙牌占卜學	淺野八郎著	150 元
10. ESP 超能力占卜	淺野八郎著	150 元
11. 猶太數的秘術	淺野八郎著	150 元
12. 新心理測驗	淺野八郎著	160 元
13. 塔羅牌預言秘法	淺野八郎著	200 元

・趣味心理講座・電腦編號 15

1. 性格測驗① 探索男與女	淺野八郎著	140 元
2. 性格測驗② 透視人心奧秘	淺野八郎著	140 元
3. 性格測驗③ 發現陌生的自己	淺野八郎著	140 元
4. 性格測驗④ 發現你的真面目	淺野八郎著	140 元
5. 性格測驗⑤ 讓你們吃驚	淺野八郎著	140 元
6. 性格測驗⑥ 洞穿心理盲點	淺野八郎著	140 元
7. 性格測驗⑦ 探索對方心理	淺野八郎著	140 元
8. 性格測驗⑧ 由吃認識自己	淺野八郎著	160 元
9. 性格測驗⑨ 戀愛知多少	淺野八郎著	160 元
10. 性格測驗⑩ 由裝扮瞭解人心	淺野八郎著	160 元

11. 性格測驗⑪ 敲開內心玄機	淺野八郎著	140 元
12. 性格測驗⑫ 透視你的未來	淺野八郎著	160 元
13. 血型與你的一生	淺野八郎著	160 元
14. 趣味推理遊戲	淺野八郎著	160 元
15. 行為語言解析	淺野八郎著	160 元

·婦 幼 天 地· 電腦編號 16

1. 八萬人減肥成果	黃靜香譯	180 元
2. 三分鐘減肥體操	楊鴻儒譯	150 元
3. 窈窕淑女美髮秘訣	柯素娥譯	130 元
4. 使妳更迷人	成 玉譯	130 元
5. 女性的更年期	官舒妍編譯	160 元
6. 胎內育兒法	李玉瓊編譯	150 元
7. 早產兒袋鼠式護理	唐岱蘭譯	200 元
8. 初次懷孕與生產	婦幼天地編譯組	180 元
9. 初次育兒 12 個月	婦幼天地編譯組	180 元
10. 斷乳食與幼兒食	婦幼天地編譯組	180 元
11. 培養幼兒能力與性向	婦幼天地編譯組	180 元
12. 培養幼兒創造力的玩具與遊戲	婦幼天地編譯組	180 元
13. 幼兒的症狀與疾病	婦幼天地編譯組	180 元
14. 腿部苗條健美法	婦幼天地編譯組	180 元
15. 女性腰痛別忽視	婦幼天地編譯組	150 元
16. 舒展身心體操術	李玉瓊編譯	130 元
17. 三分鐘臉部體操	趙薇妮著	160 元
18. 生動的笑容表情術	趙薇妮著	160 元
19. 心曠神怡減肥法	川津祐介著	130 元
20. 內衣使妳更美麗	陳玄茹譯	130 元
21. 瑜伽美姿美容	黃靜香編著	180 元
22. 高雅女性裝扮學	陳珮玲譯	180 元
23. 蠶糞肌膚美顏法	坂梨秀子著	160 元
24. 認識妳的身體	李玉瓊譯	160 元
25. 產後恢復苗條體態	居理安・芙萊喬著	200 元
26. 正確護髮美容法	山崎伊久江著	180 元
27. 安琪拉美姿養生學	安琪拉蘭斯博瑞著	180 元
28. 女體性醫學剖析	增田豐著	220 元
29. 懷孕與生產剖析	岡部綾子著	180 元
30. 斷奶後的健康育兒	東城百合子著	220 元
31. 引出孩子幹勁的責罵藝術	多湖輝著	170 元
32. 培養孩子獨立的藝術	多湖輝著	170 元
33. 子宮肌瘤與卵巢囊腫	陳秀琳編著	180 元
34. 下半身減肥法	納他夏・史達賓著	180 元
35. 女性自然美容法	吳雅菁編著	180 元
36. 再也不發胖	池園悅太郎著	170 元

37. 生男生女控制術	中垣勝裕著	220元
38. 使妳的肌膚更亮麗	楊　皓編著	170元
39. 臉部輪廓變美	芝崎義夫著	180元
40. 斑點、皺紋自己治療	高須克彌著	180元
41. 面皰自己治療	伊藤雄康著	180元
42. 隨心所欲瘦身冥想法	原久子著	180元
43. 胎兒革命	鈴木丈織著	180元
44. NS磁氣平衡法塑造窈窕奇蹟	古屋和江著	180元
45. 享瘦從腳開始	山田陽子著	180元
46. 小改變瘦4公斤	宮本裕子著	180元
47. 軟管減肥瘦身	高橋輝男著	180元
48. 海藻精神秘美容法	劉名揚編著	180元
49. 肌膚保養與脫毛	鈴木真理著	180元
50. 10天減肥3公斤	彤雲編輯組	180元
51. 穿出自己的品味	西村玲子著	280元
52. 小孩髮型設計	李芳黛譯	250元

・青春天地・電腦編號17

1. A血型與星座	柯素娥編譯	160元
2. B血型與星座	柯素娥編譯	160元
3. O血型與星座	柯素娥編譯	160元
4. AB血型與星座	柯素娥編譯	120元
5. 青春期性教室	呂貴嵐編譯	130元
7. 難解數學破題	宋釗宜編譯	130元
9. 小論文寫作秘訣	林顯茂編譯	120元
11. 中學生野外遊戲	熊谷康編著	120元
12. 恐怖極短篇	柯素娥編譯	130元
13. 恐怖夜話	小毛驢編譯	130元
14. 恐怖幽默短篇	小毛驢編譯	120元
15. 黑色幽默短篇	小毛驢編譯	120元
16. 靈異怪談	小毛驢編譯	130元
17. 錯覺遊戲	小毛驢編著	130元
18. 整人遊戲	小毛驢編著	150元
19. 有趣的超常識	柯素娥編譯	130元
20. 哦！原來如此	林慶旺編譯	130元
21. 趣味競賽100種	劉名揚編譯	120元
22. 數學謎題入門	宋釗宜編譯	150元
23. 數學謎題解析	宋釗宜編譯	150元
24. 透視男女心理	林慶旺編譯	120元
25. 少女情懷的自白	李桂蘭編譯	120元
26. 由兄弟姊妹看命運	李玉瓊編譯	130元
27. 趣味的科學魔術	林慶旺編譯	150元
28. 趣味的心理實驗室	李燕玲編譯	150元

29. 愛與性心理測驗	小毛驢編譯	130元
30. 刑案推理解謎	小毛驢編譯	180元
31. 偵探常識推理	小毛驢編譯	180元
32. 偵探常識解謎	小毛驢編譯	130元
33. 偵探推理遊戲	小毛驢編譯	130元
34. 趣味的超魔術	廖玉山編著	150元
35. 趣味的珍奇發明	柯素娥編著	150元
36. 登山用具與技巧	陳瑞菊編著	150元
37. 性的漫談	蘇燕謀編著	180元
38. 無的漫談	蘇燕謀編著	180元
39. 黑色漫談	蘇燕謀編著	180元
40. 白色漫談	蘇燕謀編著	180元

・健康天地・電腦編號 18

1. 壓力的預防與治療	柯素娥編譯	130元
2. 超科學氣的魔力	柯素娥編譯	130元
3. 尿療法治病的神奇	中尾良一著	130元
4. 鐵證如山的尿療法奇蹟	廖玉山譯	120元
5. 一日斷食健康法	葉慈容編譯	150元
6. 胃部強健法	陳炳崑譯	120元
7. 癌症早期檢查法	廖松濤譯	160元
8. 老人痴呆症防止法	柯素娥編譯	130元
9. 松葉汁健康飲料	陳麗芬編譯	130元
10. 揉肚臍健康法	永井秋夫著	150元
11. 過勞死、猝死的預防	卓秀貞編譯	130元
12. 高血壓治療與飲食	藤山順豐著	180元
13. 老人看護指南	柯素娥編譯	150元
14. 美容外科淺談	楊啟宏著	150元
15. 美容外科新境界	楊啟宏著	150元
16. 鹽是天然的醫生	西英司郎著	140元
17. 年輕十歲不是夢	梁瑞麟譯	200元
18. 茶料理治百病	桑野和民著	180元
19. 綠茶治病寶典	桑野和民著	150元
20. 杜仲茶養顏減肥法	西田博著	150元
21. 蜂膠驚人療效	瀨長良三郎著	180元
22. 蜂膠治百病	瀨長良三郎著	180元
23. 醫藥與生活(一)	鄭炳全著	180元
24. 鈣長生寶典	落合敏著	180元
25. 大蒜長生寶典	木下繁太郎著	160元
26. 居家自我健康檢查	石川恭三著	160元
27. 永恆的健康人生	李秀鈴譯	200元
28. 大豆卵磷脂長生寶典	劉雪卿譯	150元
29. 芳香療法	梁艾琳譯	160元

30. 醋長生寶典	柯素娥譯	180 元
31. 從星座透視健康	席拉・吉蒂斯著	180 元
32. 愉悅自在保健學	野本二士夫著	160 元
33. 裸睡健康法	丸山淳士等著	160 元
34. 糖尿病預防與治療	藤田順豐著	180 元
35. 維他命長生寶典	菅原明子著	180 元
36. 維他命 C 新效果	鐘文訓編	150 元
37. 手、腳病理按摩	堤芳朗著	160 元
38. AIDS 瞭解與預防	彼得塔歇爾著	180 元
39. 甲殼質殼聚糖健康法	沈永嘉譯	160 元
40. 神經痛預防與治療	木下真男著	160 元
41. 室內身體鍛鍊法	陳炳崑編著	160 元
42. 吃出健康藥膳	劉大器編著	180 元
43. 自我指壓術	蘇燕謀編著	160 元
44. 紅蘿蔔汁斷食療法	李玉瓊編著	150 元
45. 洗心術健康秘法	竺翠萍編譯	170 元
46. 枇杷葉健康療法	柯素娥編譯	180 元
47. 抗衰血癒	楊啟宏著	180 元
48. 與癌搏鬥記	逸見政孝著	180 元
49. 冬蟲夏草長生寶典	高橋義博著	170 元
50. 痔瘡・大腸疾病先端療法	宮島伸宜著	180 元
51. 膠布治癒頑固慢性病	加瀨建造著	180 元
52. 芝麻神奇健康法	小林貞作著	170 元
53. 香煙能防止癡呆？	高田明和著	180 元
54. 穀菜食治癌療法	佐藤成志著	180 元
55. 貼藥健康法	松原英多著	180 元
56. 克服癌症調和道呼吸法	帶津良一著	180 元
57. B 型肝炎預防與治療	野村喜重郎著	180 元
58. 青春永駐養生導引術	早島正雄著	180 元
59. 改變呼吸法創造健康	原久子著	180 元
60. 荷爾蒙平衡養生秘訣	出村博著	180 元
61. 水美肌健康法	井戶勝富著	170 元
62. 認識食物掌握健康	廖梅珠編著	170 元
63. 痛風劇痛消除法	鈴木吉彥著	180 元
64. 酸莖菌驚人療效	上田明彥著	180 元
65. 大豆卵磷脂治現代病	神津健一著	200 元
66. 時辰療法—危險時刻凌晨 4 時	呂建強等著	180 元
67. 自然治癒力提升法	帶津良一著	180 元
68. 巧妙的氣保健法	藤平墨子著	180 元
69. 治癒 C 型肝炎	熊田博光著	180 元
70. 肝臟病預防與治療	劉名揚編著	180 元
71. 腰痛平衡療法	荒井政信著	180 元
72. 根治多汗症、狐臭	稻葉益巳著	220 元
73. 40 歲以後的骨質疏鬆症	沈永嘉譯	180 元

74. 認識中藥	松下一成著	180 元
75. 認識氣的科學	佐佐木茂美著	180 元
76. 我戰勝了癌症	安田伸著	180 元
77. 斑點是身心的危險信號	中野進著	180 元
78. 艾波拉病毒大震撼	玉川重德著	180 元
79. 重新還我黑髮	桑名隆一郎著	180 元
80. 身體節律與健康	林博史著	180 元
81. 生薑治萬病	石原結實著	180 元
82. 靈芝治百病	陳瑞東著	180 元
83. 木炭驚人的威力	大槻彰著	200 元
84. 認識活性氧	井土貴司著	180 元
85. 深海鮫治百病	廖玉山編著	180 元
86. 神奇的蜂王乳	井上丹治著	180 元
87. 卡拉 OK 健腦法	東潔著	180 元
88. 卡拉 OK 健康法	福田伴男著	180 元
89. 醫藥與生活(二)	鄭炳全著	200 元
90. 洋蔥治百病	宮尾興平著	180 元
91. 年輕 10 歲快步健康法	石塚忠雄著	180 元
92. 石榴的驚人神效	岡本順子著	180 元
93. 飲料健康法	白鳥早奈英著	180 元
94. 健康棒體操	劉名揚編譯	180 元
95. 催眠健康法	蕭京凌編著	180 元
96. 鬱金（美王）治百病	水野修一著	180 元

・實用女性學講座・電腦編號 19

1. 解讀女性內心世界	島田一男著	150 元
2. 塑造成熟的女性	島田一男著	150 元
3. 女性整體裝扮學	黃靜香編著	180 元
4. 女性應對禮儀	黃靜香編著	180 元
5. 女性婚前必修	小野十傳著	200 元
6. 徹底瞭解女人	田口二州著	180 元
7. 拆穿女性謊言 88 招	島田一男著	200 元
8. 解讀女人心	島田一男著	200 元
9. 俘獲女性絕招	志賀貢著	200 元
10. 愛情的壓力解套	中村理英子著	200 元
11. 妳是人見人愛的女孩	廖松濤編著	200 元

・校園系列・電腦編號 20

1. 讀書集中術	多湖輝著	180 元
2. 應考的訣竅	多湖輝著	150 元
3. 輕鬆讀書贏得聯考	多湖輝著	150 元

4. 讀書記憶秘訣	多湖輝著	150 元
5. 視力恢復！超速讀術	江錦雲譯	180 元
6. 讀書 36 計	黃柏松編著	180 元
7. 驚人的速讀術	鐘文訓編著	170 元
8. 學生課業輔導良方	多湖輝著	180 元
9. 超速讀超記憶法	廖松濤編著	180 元
10. 速算解題技巧	宋釗宜編著	200 元
11. 看圖學英文	陳炳崑編著	200 元
12. 讓孩子最喜歡數學	沈永嘉譯	180 元
13. 催眠記憶術	林碧清譯	180 元
14. 催眠速讀術	林碧清譯	180 元
15. 數學式思考學習法	劉淑錦譯	200 元
16. 考試憑要領	劉孝暉著	180 元
17. 事半功倍讀書法	王毅希著	200 元
18. 超金榜題名術	陳蒼杰譯	200 元

・實用心理學講座・電腦編號 21

1. 拆穿欺騙伎倆	多湖輝著	140 元
2. 創造好構想	多湖輝著	140 元
3. 面對面心理術	多湖輝著	160 元
4. 偽裝心理術	多湖輝著	140 元
5. 透視人性弱點	多湖輝著	140 元
6. 自我表現術	多湖輝著	180 元
7. 不可思議的人性心理	多湖輝著	180 元
8. 催眠術入門	多湖輝著	150 元
9. 責罵部屬的藝術	多湖輝著	150 元
10. 精神力	多湖輝著	150 元
11. 厚黑說服術	多湖輝著	150 元
12. 集中力	多湖輝著	150 元
13. 構想力	多湖輝著	150 元
14. 深層心理術	多湖輝著	160 元
15. 深層語言術	多湖輝著	160 元
16. 深層說服術	多湖輝著	180 元
17. 掌握潛在心理	多湖輝著	160 元
18. 洞悉心理陷阱	多湖輝著	180 元
19. 解讀金錢心理	多湖輝著	180 元
20. 拆穿語言圈套	多湖輝著	180 元
21. 語言的內心玄機	多湖輝著	180 元
22. 積極力	多湖輝著	180 元

・超現實心理講座・電腦編號 22

1.	超意識覺醒法	詹蔚芬編譯	130 元
2.	護摩秘法與人生	劉名揚編譯	130 元
3.	秘法！超級仙術入門	陸明譯	150 元
4.	給地球人的訊息	柯素娥編著	150 元
5.	密教的神通力	劉名揚編著	130 元
6.	神秘奇妙的世界	平川陽一著	200 元
7.	地球文明的超革命	吳秋嬌譯	200 元
8.	力量石的秘密	吳秋嬌譯	180 元
9.	超能力的靈異世界	馬小莉譯	200 元
10.	逃離地球毀滅的命運	吳秋嬌譯	200 元
11.	宇宙與地球終結之謎	南山宏著	200 元
12.	驚世奇功揭秘	傅起鳳著	200 元
13.	啟發身心潛力心象訓練法	栗田昌裕著	180 元
14.	仙道術遁甲法	高藤聰一郎著	220 元
15.	神通力的秘密	中岡俊哉著	180 元
16.	仙人成仙術	高藤聰一郎著	200 元
17.	仙道符咒氣功法	高藤聰一郎著	220 元
18.	仙道風水術尋龍法	高藤聰一郎著	200 元
19.	仙道奇蹟超幻像	高藤聰一郎著	200 元
20.	仙道鍊金術房中法	高藤聰一郎著	200 元
21.	奇蹟超醫療治癒難病	深野一幸著	220 元
22.	揭開月球的神秘力量	超科學研究會	180 元
23.	西藏密教奧義	高藤聰一郎著	250 元
24.	改變你的夢術入門	高藤聰一郎著	250 元
25.	21 世紀拯救地球超技術	深野一幸著	250 元

・養 生 保 健・電腦編號 23

1.	醫療養生氣功	黃孝寬著	250 元
2.	中國氣功圖譜	余功保著	250 元
3.	少林醫療氣功精粹	井玉蘭著	250 元
4.	龍形實用氣功	吳大才等著	220 元
5.	魚戲增視強身氣功	宮　嬰著	220 元
6.	嚴新氣功	前新培金著	250 元
7.	道家玄牝氣功	張　章著	200 元
8.	仙家秘傳袪病功	李遠國著	160 元
9.	少林十大健身功	秦慶豐著	180 元
10.	中國自控氣功	張明武著	250 元
11.	醫療防癌氣功	黃孝寬著	250 元
12.	醫療強身氣功	黃孝寬著	250 元
13.	醫療點穴氣功	黃孝寬著	250 元

14. 中國八卦如意功	趙維漢著	180元
15. 正宗馬禮堂養氣功	馬禮堂著	420元
16. 秘傳道家筋經內丹功	王慶餘著	280元
17. 三元開慧功	辛桂林著	250元
18. 防癌治癌新氣功	郭 林著	180元
19. 禪定與佛家氣功修煉	劉天君著	200元
20. 顛倒之術	梅自強著	360元
21. 簡明氣功辭典	吳家駿編	360元
22. 八卦三合功	張全亮著	230元
23. 朱砂掌健身養生功	楊永著	250元
24. 抗老功	陳九鶴著	230元
25. 意氣按穴排濁自療法	黃啟運編著	250元
26. 陳式太極拳養生功	陳正雷著	200元
27. 健身祛病小功法	王培生著	200元
28. 張式太極混元功	張春銘著	250元

・社會人智囊・電腦編號 24

1. 糾紛談判術	清水增三著	160元
2. 創造關鍵術	淺野八郎著	150元
3. 觀人術	淺野八郎著	180元
4. 應急詭辯術	廖英迪編著	160元
5. 天才家學習術	木原武一著	160元
6. 貓型狗式鑑人術	淺野八郎著	180元
7. 逆轉運掌握術	淺野八郎著	180元
8. 人際圓融術	澀谷昌三著	160元
9. 解讀人心術	淺野八郎著	180元
10. 與上司水乳交融術	秋元隆司著	180元
11. 男女心態定律	小田晉著	180元
12. 幽默說話術	林振輝編著	200元
13. 人能信賴幾分	淺野八郎著	180元
14. 我一定能成功	李玉瓊譯	180元
15. 獻給青年的嘉言	陳蒼杰譯	180元
16. 知人、知面、知其心	林振輝編著	180元
17. 塑造堅強的個性	坂上肇著	180元
18. 為自己而活	佐藤綾子著	180元
19. 未來十年與愉快生活有約	船井幸雄著	180元
20. 超級銷售話術	杜秀卿譯	180元
21. 感性培育術	黃靜香編著	180元
22. 公司新鮮人的禮儀規範	蔡媛惠譯	180元
23. 傑出職員鍛鍊術	佐佐木正著	180元
24. 面談獲勝戰略	李芳黛譯	180元
25. 金玉良言撼人心	森純大著	180元
26. 男女幽默趣典	劉華亭編著	180元

27. 機智說話術　劉華亭編著　180元
28. 心理諮商室　柯素娥譯　180元
29. 如何在公司崢嶸頭角　佐佐木正著　180元
30. 機智應對術　李玉瓊編著　200元
31. 克服低潮良方　坂野雄二著　180元
32. 智慧型說話技巧　沈永嘉編著　180元
33. 記憶力、集中力增進術　廖松濤編著　180元
34. 女職員培育術　林慶旺編著　180元
35. 自我介紹與社交禮儀　柯素娥編著　180元
36. 積極生活創幸福　田中真澄著　180元
37. 妙點子超構想　多湖輝著　180元
38. 說NO的技巧　廖玉山編著　180元
39. 一流說服力　李玉瓊編著　180元
40. 般若心經成功哲學　陳鴻蘭編著　180元
41. 訪問推銷術　黃靜香編著　180元
42. 男性成功秘訣　陳蒼杰編著　180元
43. 笑容、人際智商　宮川澄子著　180元
44. 多湖輝的構想工作室　多湖輝著　200元
45. 名人名語啟示錄　喬家楓著　180元
46. 口才必勝術　黃柏松編著　220元
47. 能言善道的說話術　章智冠編著　180元
48. 改變人心成為贏家　多湖輝著　200元
49. 說服的ＩＱ　沈永嘉譯　200元
50. 提升腦力超速讀術　齊藤英治著　200元
51. 操控對手百戰百勝　多湖輝著　200元

・精 選 系 列・電腦編號 25

1. 毛澤東與鄧小平　渡邊利夫等著　280元
2. 中國大崩裂　江戶介雄著　180元
3. 台灣・亞洲奇蹟　上村幸治著　220元
4. 7-ELEVEN 高盈收策略　國友隆一著　180元
5. 台灣獨立（新・中國日本戰爭一）　森詠著　200元
6. 迷失中國的末路　江戶雄介著　220元
7. 2000年5月全世界毀滅　紫藤甲子男著　180元
8. 失去鄧小平的中國　小島朋之著　220元
9. 世界史爭議性異人傳　桐生操著　200元
10. 淨化心靈享人生　松濤弘道著　220元
11. 人生心情診斷　賴藤和寬著　220元
12. 中美大決戰　檜山良昭著　220元
13. 黃昏帝國美國　莊雯琳譯　220元
14. 兩岸衝突（新・中國日本戰爭二）　森詠著　220元
15. 封鎖台灣（新・中國日本戰爭三）　森詠著　220元
16. 中國分裂（新・中國日本戰爭四）　森詠著　220元

17. 由女變男的我　虎井正衛著　200元
18. 佛學的安心立命　松濤弘道著　220元
19. 世界喪禮大觀　松濤弘道著　280元
20. 中國內戰（新・中國日本戰爭五）　森詠著　220元
21. 台灣內亂（新・中國日本戰爭六）　森詠著　220元
22. 琉球戰爭①（新・中國日本戰爭七）　森詠著　220元
23. 琉球戰爭②（新・中國日本戰爭八）　森詠著　220元

・運動遊戲・電腦編號26

1. 雙人運動　李玉瓊譯　160元
2. 愉快的跳繩運動　廖玉山譯　180元
3. 運動會項目精選　王佑京譯　150元
4. 肋木運動　廖玉山譯　150元
5. 測力運動　王佑宗譯　150元
6. 游泳入門　唐桂萍編著　200元

・休閒娛樂・電腦編號27

1. 海水魚飼養法　田中智浩著　300元
2. 金魚飼養法　曾雪玫譯　250元
3. 熱門海水魚　毛利匡明著　480元
4. 愛犬的教養與訓練　池田好雄著　250元
5. 狗教養與疾病　杉浦哲著　220元
6. 小動物養育技巧　三上昇著　300元
7. 水草選擇、培育、消遣　安齊裕司著　300元
8. 四季釣魚法　釣朋會著　200元
9. 簡易釣魚入門　張果馨譯　200元
10. 防波堤釣入門　張果馨譯　220元
20. 園藝植物管理　船越亮二著　220元
40. 撲克牌遊戲與贏牌秘訣　林振輝編著　180元
41. 撲克牌魔術、算命、遊戲　林振輝編著　180元
42. 撲克占卜入門　王家成編著　180元
50. 兩性幽默　幽默選集編輯組　180元
51. 異色幽默　幽默選集編輯組　180元

・銀髮族智慧學・電腦編號28

1. 銀髮六十樂逍遙　多湖輝著　170元
2. 人生六十反年輕　多湖輝著　170元
3. 六十歲的決斷　多湖輝著　170元
4. 銀髮族健身指南　孫瑞台編著　250元
5. 退休後的夫妻健康生活　施聖茹譯　200元

・飲食保健・電腦編號 29

1.	自己製作健康茶	大海淳著	220 元
2.	好吃、具藥效茶料理	德永睦子著	220 元
3.	改善慢性病健康藥草茶	吳秋嬌譯	200 元
4.	藥酒與健康果菜汁	成玉編著	250 元
5.	家庭保健養生湯	馬汴梁編著	220 元
6.	降低膽固醇的飲食	早川和志著	200 元
7.	女性癌症的飲食	女子營養大學	280 元
8.	痛風者的飲食	女子營養大學	280 元
9.	貧血者的飲食	女子營養大學	280 元
10.	高脂血症者的飲食	女子營養大學	280 元
11.	男性癌症的飲食	女子營養大學	280 元
12.	過敏者的飲食	女子營養大學	280 元
13.	心臟病的飲食	女子營養大學	280 元
14.	滋陰壯陽的飲食	王增著	220 元
15.	胃、十二指腸潰瘍的飲食	勝健一等著	280 元
16.	肥胖者的飲食	雨宮禎子等著	280 元

・家庭醫學保健・電腦編號 30

1.	女性醫學大全	雨森良彥著	380 元
2.	初為人父育兒寶典	小瀧周曹著	220 元
3.	性活力強健法	相建華著	220 元
4.	30 歲以上的懷孕與生產	李芳黛編著	220 元
5.	舒適的女性更年期	野末悅子著	200 元
6.	夫妻前戲的技巧	笠井寬司著	200 元
7.	病理足穴按摩	金慧明著	220 元
8.	爸爸的更年期	河野孝旺著	200 元
9.	橡皮帶健康法	山田晶著	180 元
10.	三十三天健美減肥	相建華等著	180 元
11.	男性健美入門	孫玉祿編著	180 元
12.	強化肝臟秘訣	主婦の友社編	200 元
13.	了解藥物副作用	張果馨譯	200 元
14.	女性醫學小百科	松山榮吉著	200 元
15.	左轉健康法	龜田修等著	200 元
16.	實用天然藥物	鄭炳全編著	260 元
17.	神秘無痛平衡療法	林宗駛著	180 元
18.	膝蓋健康法	張果馨譯	180 元
19.	針灸治百病	葛書翰著	250 元
20.	異位性皮膚炎治癒法	吳秋嬌譯	220 元
21.	禿髮白髮預防與治療	陳炳崑編著	180 元
22.	埃及皇宮菜健康法	飯森薰著	200 元

23. 肝臟病安心治療	上野幸久著	220 元
24. 耳穴治百病	陳抗美等著	250 元
25. 高效果指壓法	五十嵐康彥著	200 元
26. 瘦水、胖水	鈴木園子著	200 元
27. 手針新療法	朱振華著	200 元
28. 香港腳預防與治療	劉小惠譯	250 元
29. 智慧飲食吃出健康	柯富陽編著	200 元
30. 牙齒保健法	廖玉山編著	200 元
31. 恢復元氣養生食	張果馨譯	200 元
32. 特效推拿按摩術	李玉田著	200 元
33. 一週一次健康法	若狹真著	200 元
34. 家常科學膳食	大塚滋著	220 元
35. 夫妻們關心的男性不孕	原利夫著	220 元
36. 自我瘦身美容	馬野詠子著	200 元
37. 魔法姿勢益健康	五十嵐康彥著	200 元
38. 眼病錘療法	馬栩周著	200 元
39. 預防骨質疏鬆症	藤田拓男著	200 元
40. 骨質增生效驗方	李吉茂編著	250 元
41. 蕺菜健康法	小林正夫著	200 元
42. 赧於啟齒的男性煩惱	增田豐著	220 元
43. 簡易自我健康檢查	稻葉允著	250 元
44. 實用花草健康法	友田純子著	200 元
45. 神奇的手掌療法	日比野喬著	230 元
46. 家庭式三大穴道療法	刑部忠和著	200 元
47. 子宮癌、卵巢癌	岡島弘幸著	220 元
48. 糖尿病機能性食品	劉雪卿編著	220 元
49. 奇蹟活現經脈美容法	林振輝編譯	200 元
50. Super SEX	秋好憲一著	220 元
51. 了解避孕丸	林玉佩譯	200 元
52. 有趣的遺傳學	蕭京凌編著	200 元
53. 強身健腦手指運動	羅群等著	250 元
54. 小周天健康法	莊雯琳譯	200 元
55. 中西醫結合醫療	陳蒼杰譯	200 元
56. 沐浴健康法	楊鴻儒譯	200 元
57. 節食瘦身秘訣	張芷欣編著	200 元

・超經營新智慧・電腦編號 31

1. 躍動的國家越南	林雅倩譯	250 元
2. 甦醒的小龍菲律賓	林雅倩譯	220 元
3. 中國的危機與商機	中江要介著	250 元
4. 在印度的成功智慧	山內利男著	220 元
5. 7-ELEVEN 大革命	村上豐道著	200 元
6. 業務員成功秘方	呂育清編著	200 元

7. 在亞洲成功的智慧　鈴木讓二著　220 元
8. 圖解活用經營管理　山際有文著　220 元
9. 速效行銷學　江尻弘著　220 元

・親子系列・電腦編號 32

1. 如何使孩子出人頭地　多湖輝著　200 元
2. 心靈啟蒙教育　多湖輝著　280 元

・雅致系列・電腦編號 33

1. 健康食譜春冬篇　丸元淑生著　200 元
2. 健康食譜夏秋篇　丸元淑生著　200 元
3. 純正家庭料理　陳建民等著　200 元
4. 家庭四川菜　陳建民著　200 元
5. 醫食同源健康美食　郭長聚著　200 元
6. 家族健康食譜　東畑朝子著　200 元

・美術系列・電腦編號 34

1. 可愛插畫集　鉛筆等著　220 元
2. 人物插畫集　鉛筆等著　220 元

・心 靈 雅 集・電腦編號 00

1. 禪言佛語看人生　松濤弘道著　180 元
2. 禪密教的奧秘　葉逯謙譯　120 元
3. 觀音大法力　田口日勝著　120 元
4. 觀音法力的大功德　田口日勝著　120 元
5. 達摩禪 106 智慧　劉華亭編譯　220 元
6. 有趣的佛教研究　葉逯謙編譯　170 元
7. 夢的開運法　蕭京凌譯　180 元
8. 禪學智慧　柯素娥編譯　130 元
9. 女性佛教入門　許俐萍譯　110 元
10. 佛像小百科　心靈雅集編譯組　130 元
11. 佛教小百科趣談　心靈雅集編譯組　120 元
12. 佛教小百科漫談　心靈雅集編譯組　150 元
13. 佛教知識小百科　心靈雅集編譯組　150 元
14. 佛學名言智慧　松濤弘道著　220 元
15. 釋迦名言智慧　松濤弘道著　220 元
16. 活人禪　平田精耕著　120 元
17. 坐禪入門　柯素娥編譯　150 元
18. 現代禪悟　柯素娥編譯　130 元

19. 道元禪師語錄	心靈雅集編譯組	130元
20. 佛學經典指南	心靈雅集編譯組	130元
21. 何謂「生」阿含經	心靈雅集編譯組	150元
22. 一切皆空　般若心經	心靈雅集編譯組	180元
23. 超越迷惘　法句經	心靈雅集編譯組	130元
24. 開拓宇宙觀　華嚴經	心靈雅集編譯組	180元
25. 真實之道　法華經	心靈雅集編譯組	130元
26. 自由自在　涅槃經	心靈雅集編譯組	130元
27. 沈默的教示　維摩經	心靈雅集編譯組	150元
28. 開通心眼　佛語佛戒	心靈雅集編譯組	130元
29. 揭秘寶庫　密教經典	心靈雅集編譯組	180元
30. 坐禪與養生	廖松濤譯	110元
31. 釋尊十戒	柯素娥編譯	120元
32. 佛法與神通	劉欣如編著	120元
33. 悟（正法眼藏的世界）	柯素娥編譯	120元
34. 只管打坐	劉欣如編著	120元
35. 喬答摩・佛陀傳	劉欣如編著	120元
36. 唐玄奘留學記	劉欣如編著	120元
37. 佛教的人生觀	劉欣如編譯	110元
38. 無門關(上卷)	心靈雅集編譯組	150元
39. 無門關(下卷)	心靈雅集編譯組	150元
40. 業的思想	劉欣如編著	130元
41. 佛法難學嗎	劉欣如著	140元
42. 佛法實用嗎	劉欣如著	140元
43. 佛法殊勝嗎	劉欣如著	140元
44. 因果報應法則	李常傳編	180元
45. 佛教醫學的奧秘	劉欣如編著	150元
46. 紅塵絕唱	海　若著	130元
47. 佛教生活風情	洪丕謨、姜玉珍著	220元
48. 行住坐臥有佛法	劉欣如著	160元
49. 起心動念是佛法	劉欣如著	160元
50. 四字禪語	曹洞宗青年會	200元
51. 妙法蓮華經	劉欣如編著	160元
52. 根本佛教與大乘佛教	葉作森編	180元
53. 大乘佛經	定方晟著	180元
54. 須彌山與極樂世界	定方晟著	180元
55. 阿闍世的悟道	定方晟著	180元
56. 金剛經的生活智慧	劉欣如著	180元
57. 佛教與儒教	劉欣如編譯	180元
58. 佛教史入門	劉欣如編譯	180元
59. 印度佛教思想史	劉欣如編譯	200元
60. 佛教與女姓	劉欣如編譯	180元
61. 禪與人生	洪丕謨主編	260元
62. 領悟佛經的智慧	劉欣如著	200元

・經 營 管 理・電腦編號 01

◎ 創新經營管理六十六大計(精)	蔡弘文編	780 元
1. 如何獲取生意情報	蘇燕謀譯	110 元
2. 經濟常識問答	蘇燕謀譯	130 元
4. 台灣商戰風雲錄	陳中雄著	120 元
5. 推銷大王秘錄	原一平著	180 元
6. 新創意・賺大錢	王家成譯	90 元
7. 工廠管理新手法	琪　輝著	120 元
10. 美國實業 24 小時	柯順隆譯	80 元
11. 撼動人心的推銷法	原一平著	150 元
12. 高竿經營法	蔡弘文編	120 元
13. 如何掌握顧客	柯順隆譯	150 元
17. 一流的管理	蔡弘文編	150 元
18. 外國人看中韓經濟	劉華亭譯	150 元
20. 突破商場人際學	林振輝編著	90 元
22. 如何使女人打開錢包	林振輝編著	100 元
24. 小公司經營策略	王嘉誠著	160 元
25. 成功的會議技巧	鐘文訓編譯	100 元
26. 新時代老闆學	黃柏松編著	100 元
27. 如何創造商場智囊團	林振輝編譯	150 元
28. 十分鐘推銷術	林振輝編譯	180 元
29. 五分鐘育才	黃柏松編譯	100 元
33. 自我經濟學	廖松濤編譯	100 元
34. 一流的經營	陶田生編著	120 元
35. 女性職員管理術	王昭國編譯	120 元
36. ＩＢＭ的人事管理	鐘文訓編譯	150 元
37. 現代電腦常識	王昭國編譯	150 元
38. 電腦管理的危機	鐘文訓編譯	120 元
39. 如何發揮廣告效果	王昭國編譯	150 元
40. 最新管理技巧	王昭國編譯	150 元
41. 一流推銷術	廖松濤編譯	150 元
42. 包裝與促銷技巧	王昭國編譯	130 元
43. 企業王國指揮塔	松下幸之助著	120 元
44. 企業精銳兵團	松下幸之助著	120 元
45. 企業人事管理	松下幸之助著	100 元
46. 華僑經商致富術	廖松濤編譯	130 元
47. 豐田式銷售技巧	廖松濤編譯	180 元
48. 如何掌握銷售技巧	王昭國編著	130 元
50. 洞燭機先的經營	鐘文訓編譯	150 元
52. 新世紀的服務業	鐘文訓編譯	100 元
53. 成功的領導者	廖松濤編譯	120 元
54. 女推銷員成功術	李玉瓊編譯	130 元

55. ＩＢＭ人才培育術	鐘文訓編譯	100元
56. 企業人自我突破法	黃琪輝編著	150元
58. 財富開發術	蔡弘文編著	130元
59. 成功的店舗設計	鐘文訓編著	150元
61. 企管回春法	蔡弘文編著	130元
62. 小企業經營指南	鐘文訓編譯	100元
63. 商場致勝名言	鐘文訓編譯	150元
64. 迎接商業新時代	廖松濤編譯	100元
66. 新手股票投資入門	何朝乾編著	200元
67. 上揚股與下跌股	何朝乾編譯	180元
68. 股票速成學	何朝乾編譯	200元
69. 理財與股票投資策略	黃俊豪編著	180元
70. 黃金投資策略	黃俊豪編著	180元
71. 厚黑管理學	廖松濤編譯	180元
72. 股市致勝格言	呂梅莎編譯	180元
73. 透視西武集團	林谷燁編譯	150元
76. 巡迴行銷術	陳蒼杰譯	150元
77. 推銷的魔術	王嘉誠譯	120元
78. 60秒指導部屬	周蓮芬編譯	150元
79. 精銳女推銷員特訓	李玉瓊編譯	130元
80. 企劃、提案、報告圖表的技巧	鄭汶譯	180元
81. 海外不動產投資	許達守編譯	150元
82. 八百伴的世界策略	李玉瓊譯	150元
83. 服務業品質管理	吳宜芬譯	180元
84. 零庫存銷售	黃東謙編譯	150元
85. 三分鐘推銷管理	劉名揚編譯	150元
86. 推銷大王奮鬥史	原一平著	150元
87. 豐田汽車的生產管理	林谷燁編譯	150元

・成 功 寶 庫・電腦編號 02

1. 上班族交際術	江森滋著	100元
2. 拍馬屁訣竅	廖玉山編譯	110元
4. 聽話的藝術	歐陽輝編譯	110元
9. 求職轉業成功術	陳義編著	110元
10. 上班族禮儀	廖玉山編著	120元
11. 接近心理學	李玉瓊編著	100元
12. 創造自信的新人生	廖松濤編著	120元
15. 神奇瞬間瞑想法	廖松濤編譯	100元
16. 人生成功之鑰	楊意苓編著	150元
19. 給企業人的諍言	鐘文訓編著	120元
20. 企業家自律訓練法	陳義編譯	100元
21. 上班族妖怪學	廖松濤編著	100元
22. 猶太人縱橫世界的奇蹟	孟佑政編著	110元

25. 你是上班族中強者	嚴思圖編著	100 元
30. 成功頓悟 100 則	蕭京凌編譯	130 元
32. 知性幽默	李玉瓊編譯	130 元
33. 熟記對方絕招	黃靜香編譯	100 元
37. 察言觀色的技巧	劉華亭編著	180 元
38. 一流領導力	施義彥編譯	120 元
40. 30 秒鐘推銷術	廖松濤編譯	150 元
42. 尖端時代行銷策略	陳蒼杰編著	100 元
43. 顧客管理學	廖松濤編著	100 元
44. 如何使對方說 Yes	程羲編著	150 元
47. 上班族口才學	楊鴻儒譯	120 元
48. 上班族新鮮人須知	程羲編著	120 元
49. 如何左右逢源	程羲編著	130 元
50. 語言的心理戰	多湖輝著	130 元
55. 性惡企業管理學	陳蒼杰譯	130 元
56. 自我啟發 200 招	楊鴻儒編著	150 元
57. 做個傑出女職員	劉名揚編著	130 元
58. 靈活的集團營運術	楊鴻儒編著	120 元
60. 個案研究活用法	楊鴻儒編著	130 元
61. 企業教育訓練遊戲	楊鴻儒編著	120 元
62. 管理者的智慧	程義編譯	130 元
63. 做個佼佼管理者	馬筱莉編譯	130 元
67. 活用禪學於企業	柯素娥編譯	130 元
69. 幽默詭辯術	廖玉山編譯	150 元
70. 拿破崙智慧箴言	柯素娥編譯	130 元
71. 自我培育・超越	蕭京凌編譯	150 元
74. 時間即一切	沈永嘉編譯	130 元
75. 自我脫胎換骨	柯素娥譯	150 元
76. 贏在起跑點　人才培育鐵則	楊鴻儒編譯	150 元
77. 做一枚活棋	李玉瓊編譯	130 元
78. 面試成功戰略	柯素娥編譯	130 元
81. 瞬間攻破心防法	廖玉山編譯	120 元
82. 改變一生的名言	李玉瓊編譯	130 元
83. 性格性向創前程	楊鴻儒編譯	130 元
84. 訪問行銷新竅門	廖玉山編譯	150 元
85. 無所不達的推銷話術	李玉瓊編譯	150 元

・處 世 智 慧・電腦編號 03

1. 如何改變你自己	陸明編譯	120 元
6. 靈感成功術	譚繼山編譯	80 元
8. 扭轉一生的五分鐘	黃柏松編譯	100 元
10. 現代人的詭計	林振輝譯	100 元
14. 女性的智慧	譚繼山編譯	90 元

16. 人生的體驗	陸明編譯	80 元
18. 幽默吹牛術	金子登著	90 元
24. 慧心良言	亦奇著	80 元
25. 名家慧語	蔡逸鴻主編	90 元
28. 如何發揮你的潛能	陸明編譯	90 元
29. 女人身態語言學	李常傳譯	130 元
30. 摸透女人心	張文志譯	90 元
32. 給女人的悄悄話	妮倩編譯	90 元
36. 成功的捷徑	鐘文訓譯	70 元
37. 幽默逗笑術	林振輝著	120 元
38. 活用血型讀書法	陳炳崑譯	80 元
39. 心　燈	葉于模著	100 元
41. 心・體・命運	蘇燕謀譯	70 元
43. 宮本武藏五輪書金言錄	宮本武藏著	100 元
47. 成熟的愛	林振輝譯	120 元
48. 現代女性駕馭術	蔡德華著	90 元
49. 禁忌遊戲	酒井潔著	90 元
53. 如何達成願望	謝世輝著	90 元
54. 創造奇蹟的「想念法」	謝世輝著	90 元
55. 創造成功奇蹟	謝世輝著	90 元
57. 幻想與成功	廖松濤譯	80 元
58. 反派角色的啟示	廖松濤編譯	70 元
59. 現代女性須知	劉華亭編著	75 元
62. 如何突破內向	姜倩怡編譯	110 元
64. 讀心術入門	王家成編譯	100 元
65. 如何解除內心壓力	林美羽編著	110 元
66. 取信於人的技巧	多湖輝著	110 元
68. 自我能力的開拓	卓一凡編著	110 元
70. 縱橫交涉術	嚴思圖編著	90 元
71. 如何培養妳的魅力	劉文珊編著	90 元
75. 個性膽怯者的成功術	廖松濤編譯	100 元
76. 人性的光輝	文可式編著	90 元
79. 培養靈敏頭腦秘訣	廖玉山編著	90 元
80. 夜晚心理術	鄭秀美編譯	80 元
81. 如何做個成熟的女性	李玉瓊編著	80 元
82. 現代女性成功術	劉文珊編著	90 元
83. 成功說話技巧	梁惠珠編譯	100 元
84. 人生的真諦	鐘文訓編譯	100 元
87. 指尖・頭腦體操	蕭京凌編譯	90 元
88. 電話應對禮儀	蕭京凌編著	120 元
89. 自我表現的威力	廖松濤編譯	100 元
91. 男與女的哲思	程鐘梅編譯	110 元
92. 靈思慧語	牧風著	110 元
93. 心靈夜語	牧風著	100 元

94.	激盪腦力訓練	廖松濤編譯	100 元
95.	三分鐘頭腦活性法	廖玉山編譯	110 元
96.	星期一的智慧	廖玉山編譯	100 元
97.	溝通說服術	賴文琇編譯	100 元

・健康與美容・電腦編號 04

3.	媚酒傳(中國王朝秘酒)	陸明主編	120 元
5.	中國回春健康術	蔡一藩著	100 元
6.	奇蹟的斷食療法	蘇燕謀譯	130 元
8.	健美食物法	陳炳崑譯	120 元
9.	驚異的漢方療法	唐龍編著	90 元
10.	不老強精食	唐龍編著	100 元
12.	五分鐘跳繩健身法	蘇明達譯	100 元
13.	睡眠健康法	王家成譯	80 元
14.	你就是名醫	張芳明譯	90 元
19.	釋迦長壽健康法	譚繼山譯	90 元
20.	腳部按摩健康法	譚繼山譯	120 元
21.	自律健康法	蘇明達譯	90 元
23.	身心保健座右銘	張仁福著	160 元
24.	腦中風家庭看護與運動治療	林振輝譯	100 元
25.	秘傳醫學人相術	成玉主編	120 元
26.	導引術入門(1)治療慢性病	成玉主編	110 元
27.	導引術入門(2)健康・美容	成玉主編	110 元
28.	導引術入門(3)身心健康法	成玉主編	110 元
29.	妙用靈藥・蘆薈	李常傳譯	150 元
30.	萬病回春百科	吳通華著	150 元
31.	初次懷孕的 10 個月	成玉編譯	150 元
32.	中國秘傳氣功治百病	陳炳崑編譯	130 元
35.	仙人長生不老學	陸明編譯	100 元
36.	釋迦秘傳米粒刺激法	鐘文訓譯	120 元
37.	痔・治療與預防	陸明編譯	130 元
38.	自我防身絕技	陳炳崑編譯	120 元
39.	運動不足時疲勞消除法	廖松濤譯	110 元
40.	三溫暖健康法	鐘文訓編譯	90 元
43.	維他命與健康	鐘文訓譯	150 元
45.	森林浴—綠的健康法	劉華亭編譯	80 元
47.	導引術入門(4)酒浴健康法	成玉主編	90 元
48.	導引術入門(5)不老回春法	成玉主編	90 元
49.	山白竹(劍竹)健康法	鐘文訓譯	90 元
50.	解救你的心臟	鐘文訓編譯	100 元
52.	超人氣功法	陸明編譯	110 元
54.	借力的奇蹟(1)	力拔山著	100 元
55.	借力的奇蹟(2)	力拔山著	100 元

國家圖書館出版品預行編目資料

操控對手百戰百勝/多湖輝著；陳蒼杰譯
——初版，——臺北市，大展，[1999]民88
187面；21公分，——(社會人智囊；51)
譯自：相手の心をつかむ心理術
ISBN 957-557-952-6(平裝)
1.應用心理學 2.人際關係
177　　88011833

原書名：相手の心をつかむ心理術
原著作者：多湖輝 ©AKira Tago 1996
原出版者：株式會社 ごま書房
版權仲介：宏儒企業有限公司

操控對手百戰百勝　ISBN 957-557-952-6

原著者/ 多湖輝
編譯者/ 陳蒼杰
發行人/ 蔡森明
出版者/ 大展出版社有限公司
社址/ 台北市北投區(石牌)致遠一路2段12巷1號
電話/ (02)28236031・28236033
傳真/ (02)28272069
郵政劃撥/ 01669551
登記證/ 局版臺業字第2171號
承印者/ 高星印刷品行
裝訂/ 日新裝訂所
排版者/ 弘益電腦排版有限公司
電話/ (02)27403609・27112792
初版1刷/ 1999年(民88年)10月

定價/ 200元

大展好書 好書大展